Scoprire i Giochi Gratuiti Online

Disponibile Qui:

BestActivityBooks.com/FREEGAMES

5 CONSIGLI PER INIZIARE

1) COME RISOLVERE LE PAROLE INTRECCIATTE

I puzzle hanno un formato classico:

* Le parole sono nascoste senza spazi o trattini,...
* Orientamento: Le parole possono essere scritte in avanti, indietro, verso l'alto, verso il basso o in diagonale (possono essere invertite).
* Le parole possono sovrapporsi o intersecarsi.

2) APPRENDIMENTO ATTIVO

Accanto ad ogni parola c'è uno spazio per scrivere la traduzione. Per incoraggiare l'apprendimento attivo, un **DIZIONARIO** alla fine di questa edizione vi permetterà di controllare e ampliare le vostre conoscenze. Cerca e scrivi le traduzioni, trovale nel puzzle e aggiungile al tuo vocabolario!

3) SEGNARE LE PAROLE

Puoi inventare il tuo sistema di segni. Forse ne usi già uno? Per esempio, puoi segnare le parole difficili da trovare con una croce, le parole preferite con una stella, le parole nuove con un triangolo, le parole rare con un diamante, e così via.

4) STRUTTURARE L'APPRENDIMENTO

Questa edizione offre un **TACCUINO** alla fine del libro. In vacanza, in viaggio o a casa, puoi organizzare facilmente le tue nuove conoscenze senza bisogno di un secondo quaderno!

5) AVETE FINITO TUTTE LE GRIGLIE?

Nelle ultime pagine di questo libro, nella sezione della **SFIDA FINALE**, troverete un gioco gratuito!

Facile e veloce! Dai un'occhiata alla nostra collezione di libri di attività per il tuo prossimo momento di divertimento e **apprendimento,** a portata di clic!

Trova la tua prossima sfida su:

BestActivityBooks.com/MioProssimoLibro

Ai vostri posti, pronti...Via!

Sapevi che ci sono circa 7.000 lingue diverse nel mondo? Le parole sono preziose.

Amiamo le lingue e abbiamo lavorato duramente per creare libri di altissima qualità. I nostri ingredienti?

Una selezione di argomenti adatti all'apprendimento, tre buone porzioni di intrattenimento, una cucchiaiata di parole difficili e una spolverata di parole rare. Li serviamo con amore e entusiasmo in modo che tu possa risolvere i migliori giochi di parole e divertirti imparando!

La vostra opinione è essenziale. Puoi partecipare attivamente al successo di questo libro lasciandoci un commento. Ci piacerebbe sapere cosa ti è piaciuto di più di questa edizione.

Ecco un link veloce alla pagina dell'ordine:

BestBooksActivity.com/Recensione50

Grazie per il vostro aiuto e buon divertimento!

Tutta la squadra

1 - Scacchi

```
G  B  U  K  F  R  A  I  N  H  A  C  C  T
K  R  O  P  O  N  E  N  T  E  K  O  A  E
E  A  J  O  G  O  E  G  H  K  I  N  M  M
J  N  X  Y  J  Y  S  A  R  S  Z  C  P  P
P  C  F  N  W  X  T  P  P  A  I  U  E  O
J  O  G  A  D  O  R  R  A  C  S  R  Ã  X
P  O  N  T  O  S  A  E  S  R  D  S  O  Q
P  R  B  M  A  N  T  N  S  I  E  O  A  A
Q  R  U  V  N  V  É  D  I  F  S  I  I  I
J  V  E  L  I  R  G  E  V  Í  A  G  N  L
J  B  V  T  D  E  I  R  O  C  F  A  Ç  K
Z  S  W  T  O  N  A  I  H  I  I  D  M  K
D  I  A  G  O  N  A  L  T  O  O  Z  I  B
T  O  R  N  E  I  O  E  Q  G  S  C  D  C
```

OPONENTE	PONTOS
BRANCO	REI
CAMPEÃO	RAINHA
CONCURSO	REGRAS
DIAGONAL	SACRIFÍCIO
JOGADOR	DESAFIOS
JOGO	ESTRATÉGIA
PRETO	TEMPO
PASSIVO	TORNEIO
APRENDER	

2 - Aggettivi #2

```
M  X  L  D  D  N  S  L  N  X  X  I  A  T
X  F  A  M  O  S  O  E  T  Q  W  S  U  G
X  I  B  N  C  R  L  R  C  F  O  R  T  E
M  S  B  O  E  S  G  C  M  O  V  E  Ê  S
D  S  V  V  N  A  T  U  R  A  L  S  N  D
L  I  U  O  J  V  J  Y  L  K  L  P  T  E
S  A  U  D  Á  V  E  L  S  H  H  O  I  S
E  L  E  G  A  N  T  E  A  G  O  N  C  C
H  P  U  R  O  V  Q  X  L  X  N  S  O  R
E  Y  J  I  E  R  N  A  G  T  U  Á  O  I
F  A  M  I  N  T  O  Y  A  W  K  V  P  T
B  H  M  Y  J  Z  N  P  D  F  Y  E  H  I
Q  C  R  I  A  T  I  V  O  L  C  L  B  V
P  R  O  D  U  T  I  V  O  V  Z  A  F  O
```

FAMINTO
SECO
AUTÊNTICO
CRIATIVO
DESCRITIVO
DOCE
ELEGANTE
FAMOSO
FORTE

NATURAL
NORMAL
NOVO
ORGULHOSO
PRODUTIVO
PURO
RESPONSÁVEL
SALGADO
SAUDÁVEL

3 - Pesca

```
T  I  N  T  R  S  N  C  E  S  T  A  E  G
P  O  C  E  A  N  O  T  X  Y  L  Y  Q  A
Z  A  B  A  R  B  A  T  A  N  A  S  U  N
T  K  C  R  F  I  O  F  G  S  G  I  I  C
T  T  O  I  Â  M  Y  B  E  Y  O  R  P  H
N  A  Z  S  Ê  N  A  C  R  I  O  U  A  O
Y  C  I  Ç  N  Q  N  O  F  Z  K  M  D
H  W  N  A  Q  G  C  U  D  D  O  J  E  I
B  A  H  Y  G  U  W  I  I  Í  Q  M  N  S
A  K  A  G  X  Á  G  U  A  A  B  E  T  C
R  V  R  P  R  A  I  A  H  U  S  U  O  N
C  X  U  J  P  E  S  O  V  S  E  M  L  U
O  W  M  Q  H  T  E  M  P  O  R  A  D  A
Ç  W  H  O  F  Y  R  U  M  N  Q  U  Z  J
```

ÁGUA
EQUIPAMENTO
BARCO
BRÂNQUIAS
CESTA
COZINHAR
EXAGERO
ISCA
FIO
RIO

GANCHO
LAGO
MANDÍBULA
OCEANO
PACIÊNCIA
PESO
BARBATANAS
PRAIA
TEMPORADA

4 - Aggettivi #1

```
P  A  R  T  Í  S  T  I  C  O  P  E  E  A
E  G  H  I  E  N  O  R  M  E  E  J  X  M
R  E  O  D  A  V  A  L  I  O  S  O  Ó  B
F  N  N  Ê  B  Q  C  A  Ç  V  A  V  T  I
E  E  E  N  S  I  G  G  S  K  D  E  I  C
I  R  S  T  O  I  V  N  O  Y  O  M  C  I
T  O  T  I  L  G  C  D  N  L  B  O  O  O
O  S  O  C  U  V  R  Ç  U  O  I  Z  S
N  O  F  O  T  S  C  A  L  E  N  T  O  O
N  F  I  Q  O  S  H  T  N  A  F  Z  Ç  F
L  O  N  G  O  A  F  R  U  D  T  Q  F  W
Ç  M  O  D  E  R  N  O  B  Ç  E  I  O  V
S  I  M  P  O  R  T  A  N  T  E  X  V  U
C  Ç  X  F  A  R  O  M  Á  T  I  C  O  O
```

AMBICIOSO	IDÊNTICO
AROMÁTICO	IMPORTANTE
ARTÍSTICO	LENTO
ABSOLUTO	LONGO
ATIVO	MODERNO
ENORME	HONESTO
EXÓTICO	PERFEITO
GENEROSO	PESADO
JOVEM	VALIOSO
GRANDE	FINO

5 - Geologia

```
E  M  Z  C  M  T  O  C  C  Z  C  S  C  G
K  S  E  R  O  S  Ã  O  O  J  A  L  R  V
B  O  T  R  W  N  I  S  R  T  V  G  I  U
L  H  F  A  P  S  T  N  A  E  E  E  S  L
Q  J  T  F  L  L  G  I  L  R  R  Q  T  C
L  G  N  R  K  A  A  J  N  R  N  U  A  Ã
A  W  L  L  K  S  G  T  D  E  A  A  I  O
V  C  A  M  A  D  A  M  Ô  M  N  R  S  P
A  G  F  Ó  S  S  I  L  I  O  J  T  B  E
W  E  B  Á  D  V  I  F  Ç  T  M  Z  E  D
U  Y  L  C  R  L  Ç  V  K  O  E  O  B  R
Ç  S  M  I  N  E  R  A  I  S  Z  S  H  A
X  E  Y  D  P  C  T  Q  X  S  A  L  Ç  R
G  R  J  O  I  M  T  K  C  Á  L  C  I  O
```

ÁCIDO	LAVA
PLATÔ	MINERAIS
CÁLCIO	PEDRA
CAVERNA	QUARTZO
CONTINENTE	SAL
CORAL	ESTALAGMITES
CRISTAIS	CAMADA
EROSÃO	TERREMOTO
FÓSSIL	VULCÃO
GEYSER	

6 - Campeggio

```
V  J  J  J  E  P  B  W  S  V  G  C  C  X
T  K  D  W  L  K  A  Ú  U  O  T  F  A  H
M  O  N  T  A  N  H  A  S  Z  J  O  B  V
A  S  K  H  M  G  N  C  C  S  P  G  I  U
P  T  E  N  D  A  L  A  G  O  O  O  N  F
A  V  I  B  J  B  G  N  K  M  R  L  E  L
U  E  L  A  Á  R  V  O  R  E  S  D  A  O
A  V  E  N  T  U  R  A  D  L  U  A  A  R
C  I  N  S  E  T  O  J  M  A  C  A  P  E
A  H  E  Q  U  I  P  A  M  E  N  T  O  S
Ç  J  A  A  N  I  M  A  I  S  F  V  T  T
A  G  I  P  N  A  T  U  R  E  Z  A  I  A
W  Q  Y  T  É  X  K  Q  B  Y  W  L  P  X
T  I  W  I  R  U  X  I  P  R  C  J  Y  K
```

ÁRVORES   CORDA
MACA   FLORESTA
ANIMAIS   FOGO
EQUIPAMENTO   INSETO
AVENTURA   LAGO
BÚSSOLA   LUA
CABINE   MAPA
CAÇA   MONTANHA
CANOA   NATUREZA
CHAPÉU   TENDA

7 - Arti Visive

```
P  F  O  T  O  G  R  A  F  I  A  E  C  C
E  E  A  B  U  A  L  M  T  F  X  S  O  R
S  R  R  O  R  C  L  H  Ç  O  A  C  M  I
T  E  G  S  Y  A  V  Á  P  S  R  U  P  A
Ê  T  I  V  P  N  P  G  P  F  T  L  O  T
N  R  L  E  C  E  Ç  R  T  I  I  T  S  I
C  A  A  R  D  T  C  T  I  L  S  U  I  V
I  T  G  N  Ç  A  E  T  X  M  T  R  Ç  I
L  O  E  I  I  M  R  H  I  E  A  A  Ã  D
G  I  Z  Z  V  A  A  Q  I  V  V  Z  O  A
C  A  R  V  Ã  O  A  A  V  Q  A  N  X  D
Y  Q  A  R  Q  U  I  T  E  T  U  R  A  E
U  J  B  M  K  O  C  E  R  Â  M  I  C  A
P  C  A  V  A  L  E  T  E  D  Y  I  N  Ç
```

ARQUITETURA
ARGILA
ARTISTA
OBRA-PRIMA
CARVÃO
CAVALETE
CERA
CERÂMICA
COMPOSIÇÃO
CRIATIVIDADE

FILME
FOTOGRAFIA
GIZ
LÁPIS
CANETA
PERSPECTIVA
RETRATO
ESCULTURA
ESTÊNCIL
VERNIZ

8 - Esplorazione

```
R D E S C O N H E C I D O S
E X A U S T Ã O G U K C T E
A T I V I D A D E L L O E L
E E P Y D J V Q Z T Í R R V
A V E Z I E N B M U N A R A
L N R K P X S Ç X R G G E G
I T I N O V O C E A U E N E
Y D G M W M T Y O S A M O M
U Z O B A F X Q Y B U S C A
O B S X V I A G E M E N J O
R T Q Z F E S P A Ç O R K V
D E T E R M I N A Ç Ã O T A
E X C I T A Ç Ã O Y Z Z H A
A P R E N D E R Ç Q Y E X H
```

ANIMAIS
ATIVIDADE
CORAGEM
CULTURAS
DETERMINAÇÃO
EXCITAÇÃO
EXAUSTÃO
LÍNGUA
NOVO

APRENDER
PERIGOS
BUSCA
DESCONHECIDO
DESCOBERTA
SELVAGEM
ESPAÇO
TERRENO
VIAGEM

9 - Tempo

```
H  O  R  A  C  S  K  Z  A  I  T  D  S  R
O  S  A  N  U  A  L  I  S  U  M  E  E  R
J  L  W  O  W  M  L  A  C  L  D  P  M  Q
E  Z  B  V  E  L  S  E  N  C  E  O  A  M
N  O  I  T  E  L  P  M  N  T  W  I  N  I
D  I  A  B  P  S  O  B  L  D  E  S  A  N
D  R  U  F  U  T  U  R  O  I  Á  S  G  U
C  E  S  U  T  S  J  E  J  Ç  K  R  G  T
I  L  D  T  R  B  V  V  J  B  H  Ç  I  O
O  Ó  E  P  G  E  B  E  S  É  C  U  L  O
N  G  M  A  N  H  Ã  L  V  W  S  L  V  S
T  I  N  Ê  J  G  V  V  T  H  Q  K  F  C
E  O  Q  C  S  U  F  D  É  C  A  D  A  Q
M  E  I  O  D  I  A  Z  M  Q  P  I  G  R
```

ANO	MEIO-DIA
ANUAL	MINUTO
CALENDÁRIO	NOITE
DÉCADA	HOJE
DEPOIS	HORA
FUTURO	RELÓGIO
DIA	EM BREVE
ONTEM	ANTES
MANHÃ	SÉCULO
MÊS	SEMANA

10 - Astronomia

H	C	É	U	W	N	T	R	J	U	A	M	R	R
G	O	E	S	F	E	L	E	Q	R	M	E	A	D
A	S	L	O	M	B	Y	P	R	H	Y	T	D	Y
L	M	N	K	L	U	A	R	Z	R	Q	E	I	Z
Á	O	Z	C	P	L	A	N	E	T	A	O	A	S
X	S	B	V	C	O	G	I	R	G	E	R	Ç	U
I	T	E	L	E	S	C	Ó	P	I	O	O	Ã	P
A	M	Z	G	R	A	V	I	D	A	D	E	O	E
A	S	T	R	Ô	N	O	M	O	C	K	Z	H	R
E	Q	U	I	N	Ó	C	I	O	U	J	Z	W	N
T	O	B	S	E	R	V	A	T	Ó	R	I	O	O
C	O	N	S	T	E	L	A	Ç	Ã	O	W	H	V
A	S	T	E	R	Ó	I	D	E	F	U	S	Z	A
W	T	F	O	G	U	E	T	E	H	M	P	J	S

ASTERÓIDE   METEORO
ASTRÔNOMO   NEBULOSA
CÉU   OBSERVATÓRIO
COSMOS   PLANETA
CONSTELAÇÃO   RADIAÇÃO
EQUINÓCIO   FOGUETE
GALÁXIA   SUPERNOVA
GRAVIDADE   TELESCÓPIO
LUA   TERRA

11 - Circo

```
E  B  M  D  N  W  E  Q  E  F  A  D  W  Z
S  I  G  N  Ç  E  I  Y  Q  Q  V  E  W  Q
P  L  E  Ã  O  M  P  I  Q  A  B  S  Ç  X
E  H  V  E  U  B  W  D  O  C  E  F  S  Y
C  E  T  V  A  Ç  C  P  Q  M  C  I  K  T
T  T  E  E  S  P  E  T  A  C  U  L  A  R
A  E  L  T  N  R  R  Z  R  L  I  E  N  U
D  M  E  I  E  D  M  B  Q  N  H  M  O  Q
O  Ú  F  G  Q  B  A  L  Õ  E  S  A  T  U
R  S  A  R  B  P  C  Q  O  C  E  G  Ç  E
F  I  N  E  Ç  Q  A  Ç  M  Á  G  I  C  O
J  C  T  H  I  B  C  Q  O  T  R  A  J  E
W  A  E  A  G  T  O  A  N  I  M  A  I  S
A  C  R  O  B  A  T  A  N  H  L  P  R  R
```

ACROBATA	MÚSICA
ANIMAIS	BALÕES
BILHETE	DESFILE
DOCE	MACACO
PALHAÇO	ESPETACULAR
TRAJE	ESPECTADOR
ELEFANTE	TENDA
LEÃO	TIGRE
MAGIA	TRUQUE
MÁGICO	

12 - Mitologia

```
L  C  D  H  V  I  N  G  A  N  Ç  A  D  H
A  R  R  E  L  Â  M  P  A  G  O  F  C  V
Q  I  U  R  S  Y  W  M  O  N  S  T  R  O
P  A  L  Ó  V  A  R  Q  U  É  T  I  P  O
O  T  U  I  R  Ç  S  C  R  I  A  Ç  Ã  O
Z  U  H  L  B  I  E  T  L  I  G  B  K  G
C  R  E  N  Ç  A  S  R  R  E  X  C  Y  U
C  A  O  O  W  W  U  O  C  E  N  X  G  E
M  I  N  D  Ç  B  R  V  J  H  W  D  L  R
O  C  Ú  K  I  T  O  Ã  T  D  H  T  A  R
R  R  W  M  V  O  E  O  F  O  R  Ç  A  E
T  I  L  Y  E  C  U  L  T  U  R  A  S  I
A  W  J  E  Z  S  M  Á  G  I  C  O  L  R
L  A  B  I  R  I  N  T  O  H  Q  N  Ç  O
```

ARQUÉTIPO
CRIATURA
CRIAÇÃO
CRENÇAS
CULTURA
DESASTRE
HERÓI
FORÇA
RELÂMPAGO

CIÚMES
GUERREIRO
LABIRINTO
LENDA
MÁGICO
MORTAL
MONSTRO
TROVÃO
VINGANÇA

13 - Piante

```
F T L A X M P J A R D I M F
E Z B R E K C É D K G K O O
R R A B Z F T Y T B A G A L
T A M U E X N B Á A A T T H
I I B S Y M X Z U R L Z F A
L Z U T F E I J Ã O V A L G
I J K O L R S F I S Y O O E
Z D H X O V R F Q W Y C R M
A O A C R A L L T F L R E E
N V W C A C T O M J A E S O
T U P O R Ç R L O Z S T R
E H E R A B O T Â N I C A G
V E G E T A Ç Ã O J C E I B
J M U S G O Y W K I I R H K
```

ÁRVORE
BAGA
BAMBU
BOTÂNICA
CACTO
ARBUSTO
CRESCER
HERA
ERVA
FEIJÃO

FERTILIZANTE
FLOR
FLORA
FOLHAGEM
FLORESTA
JARDIM
MUSGO
PÉTALA
RAIZ
VEGETAÇÃO

14 - Spezie

```
I  A  A  C  Y  S  V  F  Y  F  R  P  B  P
L  N  K  F  O  I  Y  R  Z  U  F  Á  A  N
C  I  J  R  A  M  X  C  L  N  E  P  U  O
A  S  S  L  M  Ç  I  D  O  C  E  R  N  Z
R  L  D  G  A  E  A  N  S  H  E  I  I  M
D  G  H  B  R  W  Q  F  H  O  J  C  L  O
A  E  R  O  G  U  I  S  R  O  C  A  H  S
M  N  C  L  O  C  B  R  X  Ã  I  X  A  C
O  G  T  R  C  E  B  O  L  A  O  D  L  A
M  I  L  R  A  C  O  E  N  T  R  O  C  D
O  B  X  F  R  S  A  B  O  R  S  R  A  A
G  R  B  P  I  M  E  N  T  A  A  R  Ç  T
Y  E  V  F  L  Q  I  G  T  Q  L  S  U  S
C  A  N  E  L  A  Z  G  E  P  D  P  Z  Y
```

ALHO	FUNCHO
AMARGO	SABOR
ANIS	ALCAÇUZ
CANELA	NOZ-MOSCADA
CARDAMOMO	PÁPRICA
CEBOLA	PIMENTA
COENTRO	SAL
COMINHO	BAUNILHA
CARIL	AÇAFRÃO
DOCE	GENGIBRE

15 - Numeri

```
Ç  V  Z  E  B  C  A  X  Z  Q  I  T  D  O
G  Ç  E  Ç  G  D  L  D  W  Ç  S  C  E  I
N  M  R  T  R  E  Z  E  D  O  Z  E  C  T
K  O  O  F  G  Z  S  Z  E  S  X  D  I  O
O  D  V  T  D  O  H  E  Z  F  Z  E  M  P
J  J  C  E  W  I  Q  S  E  T  E  F  A  S
T  O  F  Q  J  T  N  S  S  C  F  K  L  W
R  D  O  I  S  O  Z  E  S  V  I  N  T  E
Ê  Q  U  A  T  R  O  I  E  D  Y  J  O  J
S  P  U  E  H  M  Z  S  T  T  E  Q  K  U
D  E  Z  E  N  O  V  E  E  B  O  Z  V  P
Q  U  I  N  Z  E  Q  U  A  T  O  R  Z  E
W  P  P  S  C  I  N  C  O  O  D  E  E  X
H  C  X  V  O  V  M  K  X  V  X  U  M  Q
```

CINCO   QUATORZE
DECIMAL   QUATRO
DEZENOVE   QUINZE
DEZESSETE   DEZESSEIS
DEZOITO   SEIS
DEZ   SETE
DOZE   TRÊS
DOIS   TREZE
NOVE   VINTE
OITO   ZERO

16 - Cioccolato

```
A N T I O X I D A N T E I Q
K L Q C E P L U Ç F R J N U
O V T M I L M S Ú W H J G A
D G O S T O U Q C I Ç T R L
R E C E I T A M A R G O E I
A X L W X O R C R G B C D D
M Ó P I L C O V A Ç G O I A
E T P Ó C Q M B J C O C E D
N I Ç E F I A L B Q A O N E
D C Z F A V O R I T O U T C
O O D O C E B S N N J D E N
I C A R A M E L O U A V U C
N C O M E R C A L O R I A S
S J W N A R T E S A N A L B
```

AMARGO
ANTIOXIDANTE
AMENDOINS
AROMA
ARTESANAL
CACAU
CALORIAS
CARAMELO
DELICIOSO
DOCE

EXÓTICO
GOSTO
INGREDIENTE
COMER
COCO
PÓ
FAVORITO
QUALIDADE
RECEITA
AÇÚCAR

17 - Guida

```
U  C  T  R  A  N  S  P  O  R  T  E  G  C
R  A  P  I  D  E  Z  C  I  I  O  M  O  O
G  J  U  L  I  H  X  I  A  N  C  M  T  M
D  V  H  A  L  A  L  A  Y  R  R  H  R  B
R  F  R  E  I  O  S  Ç  V  T  R  X  Á  U
M  O  T  O  C  I  C  L  E  T  A  O  F  S
O  A  H  Q  E  P  E  D  E  S  T  R  E  T
T  O  P  V  N  W  E  H  N  W  Ú  P  G  Í
O  A  L  A  Ç  F  B  R  N  P  N  Ô  O  V
R  I  L  C  A  Q  A  C  I  D  E  N  T  E
S  E  G  U  R  A  N  Ç  A  G  L  I  N  L
E  S  T  R  A  D  A  I  I  E  O  B  J  H
I  R  Q  F  G  A  R  A  G  E  M  U  E  I
P  O  L  Í  C  I  A  G  Á  S  J  S  O  P
```

CARRO	MOTOR
ÔNIBUS	PEDESTRE
COMBUSTÍVEL	PERIGO
FREIOS	POLÍCIA
GARAGEM	SEGURANÇA
GÁS	ESTRADA
ACIDENTE	TRÁFEGO
LICENÇA	TRANSPORTE
MAPA	TÚNEL
MOTOCICLETA	RAPIDEZ

18 - Sport

```
M O V I M E N T O X E S B H
C A M P E O N A T O Q G A U
A T R E I N A D O R U I S U
U T Ê N I S Ç A O B I N Q J
G B L E S T Á D I O P Á U O
I I W E Ç S Y V V K E S E G
G C F G T L B W N B T T A
A I N Ç I A H Ó Q U E I E D
N C N G O X Z X S L I C R O
H L G Á R B I T R O S A C R
A E X O S N H Q B H E W L B
D T P V L I J O G O B C J Ç
O A R V F F O P T B O B N O
R A K X L X E O V Y L I J Q
```

TREINADOR   JOGO
ÁRBITRO   GOLFE
ATLETA   HÓQUEI
BEISEBOL   MOVIMENTO
BASQUETE   GINÁSIO
BICICLETA   EQUIPE
CAMPEONATO   ESTÁDIO
GINÁSTICA   TÊNIS
JOGADOR   GANHADOR

19 - Giocattoli

```
E W T X A D R E Z A A C I U
R N R B V U Y V H R R A M Z
D C H P A E R U L G T M A B
B O L A D T H Y H I E I G A
B I C I C L E T A L S N I R
J G O P I P A R T A A H N C
R O B Ô P M Z U I V N Ã A O
Z T G Y K A B L N A A O Ç G
A T E O Q U O L T P T C Ã F
A F J B S Ç N Z A R O G O T
M V I I X K E V S B A M A Y
G D I P H Q C A R R O J O H
C M W Ã Ç P A L I V R O S O
H J U Q O F A V O R I T O E
```

AVIÃO   CAMINHÃO
PIPA   JOGOS
ARGILA   IMAGINAÇÃO
ARTESANATO   LIVROS
CARRO   BOLA
BONECA   FAVORITO
BARCO   ROBÔ
BATERIA   XADREZ
BICICLETA   TINTAS

20 - Strumenti di Cottura

```
T  G  A  R  F  O  F  X  H  T  D  X  G  B
E  A  E  Z  I  K  O  G  T  A  Q  L  T  I
S  E  L  L  T  E  R  M  Ô  M  E  T  R  O
O  S  T  H  A  D  N  C  Z  P  N  T  Q  I
U  P  L  Ç  E  D  O  C  O  A  D  O  R  D
R  Á  E  S  P  R  E  M  E  D  O  R  C  Y
A  T  C  H  A  L  E  I  R  A  P  R  O  U
S  U  K  R  W  Y  N  S  R  O  I  A  L  F
X  L  J  K  A  Z  L  A  Y  A  G  D  H  A
X  A  Z  J  W  L  H  M  K  Ç  B  E  E  C
I  J  B  U  E  H  A  G  H  Ç  Y  I  R  A
J  Y  F  O  G  Ã  O  D  Z  I  S  R  T  K
M  Ç  C  J  C  N  Q  L  O  Z  B  A  J  T
Z  L  J  L  I  W  F  S  O  R  G  W  P  T
```

CHALEIRA   GELADEIRA
COADOR   RALADOR
FACA   TALHERES
TAMPA   ESPÁTULA
COLHER   ESPREMEDOR
TESOURA   FOGÃO
GARFO   TERMÔMETRO
FORNO   TORRADEIRA

21 - Uccelli

```
C  T  U  C  A  N  O  G  P  O  M  B  O  G
I  E  M  T  T  F  L  A  M  I  N  G  O  A
S  N  G  Ç  B  I  T  I  P  A  T  O  A  N
N  V  I  O  V  T  Z  V  A  J  S  D  Q  S
E  A  I  K  N  A  P  O  V  Z  Z  W  Y  O
P  R  S  K  G  H  Y  T  Ã  H  Q  E  T  J
P  B  L  H  Q  P  A  A  O  Z  W  Q  Y  W
V  O  Z  O  P  T  A  V  E  S  T  R  U  Z
V  J  M  O  M  F  O  P  I  N  G  U  I  M
Z  J  O  B  Q  X  F  R  A  N  G  O  G  Ç
C  E  V  Ç  A  V  R  B  O  G  A  R  Ç  A
U  L  O  G  T  J  Á  G  U  I  A  L  T  N
C  P  A  R  D  A  L  O  X  Z  Y  I  B  G
O  P  E  L  I  C  A  N  O  T  C  W  O  L
```

GARÇA	PAPAGAIO
PATO	PARDAL
ÁGUIA	PAVÃO
CEGONHA	PELICANO
CISNE	POMBO
POMBA	PINGUIM
CUCO	FRANGO
FLAMINGO	AVESTRUZ
GAIVOTA	TUCANO
GANSO	OVO

22 - Giorni e Mesi

```
S E G U N D A F E I R A J C
M T M G J S F G T Z G I Q A
D S V Q M X E U O I O A A L
V E S U U J V T M S U N F E
L M Á A Q U E E E W T O H N
W A B R I L R R H M U O U D
U N A T D H Ç H N B S M Á
D A D A N O I A M O R R D R
M T O F J R R E Ê V O N O I
J A N E I R O V S E S Y M O
C Q F I J U N H O M Z P I E
P K M R K B X E N B K Z N R
Y W K A E H B V R R L A G L
D E Z E M B R O U O Ç K O G
```

AGOSTO
ANO
ABRIL
CALENDÁRIO
DEZEMBRO
DOMINGO
FEVEREIRO
JANEIRO
JUNHO
JULHO

SEGUNDA-FEIRA
TERÇA
QUARTA-FEIRA
MÊS
NOVEMBRO
OUTUBRO
SÁBADO
SETEMBRO
SEMANA

23 - Casa

```
A P M D V L A R E I R A Q V
N I V F T A P E T E O R H P
P F I P Ç F S J P A R E D E
T E L H A D O S A E O D F Z
S Ç C H A V E S O N J R O J
Ó B H M R B L P I U E A V A
T Q U A R T O P T M R L G R
Ã K V C E R C A Q E P A A D
O A E C O Z I N H A T P R I
W B I B L I O T E C A O A M
I N R P I S O W Q P X R G T
P L O O E S P E L H O T E H
D Ç Ç N T O R N E I R A M J
W U P L K J E Y E U K Y E X
```

SÓTÃO	PAREDE
BIBLIOTECA	PISO
QUARTO	PORTA
LAREIRA	CERCA
CHAVES	TORNEIRA
COZINHA	VASSOURA
CHUVEIRO	TETO
JANELA	ESPELHO
GARAGEM	TAPETE
JARDIM	TELHADO

24 - Ristorante #1

```
P  M  T  S  O  B  R  E  M  E  S  A  L  I
Ã  E  K  I  P  S  B  Ç  P  V  D  Ç  S  N
O  N  Q  Z  G  I  V  U  D  T  Z  T  V  G
I  U  Ç  G  P  E  C  K  M  O  L  H  O  R
O  C  A  F  É  C  L  A  F  S  R  H  F  E
C  A  R  N  E  O  P  A  N  M  E  S  R  D
Q  I  Z  D  X  Z  G  L  C  T  J  U  A  I
M  X  N  I  L  I  R  M  A  D  E  Q  N  E
G  A  R  Ç  O  N  E  T  E  C  Q  F  G  N
O  K  O  B  V  H  S  G  O  Q  A  A  O  T
G  G  L  U  X  A  E  Z  Ç  E  P  C  P  E
C  O  M  E  R  X  R  L  J  O  L  A  L  S
L  R  X  V  Ç  Q  V  Z  E  W  H  A  U  Q
O  R  C  M  P  D  A  L  E  R  G  I  A  Y
```

ALERGIA	INGREDIENTES
CAFÉ	COMER
GARÇONETE	MENU
CARNE	PÃO
CAIXA	PLACA
TIGELA	PICANTE
FACA	FRANGO
COZINHA	RESERVA
SOBREMESA	MOLHO

25 - Fantascienza

```
O  A  M  I  S  T  E  R  I  O  S  O  W  F
R  K  T  U  T  O  P  I  A  W  F  O  O  A
Á  T  B  Ó  P  E  L  O  Y  Q  G  O  V  E
C  E  F  F  M  E  X  T  R  E  M  O  G  B
U  C  C  M  D  I  S  T  O  P  I  A  C  O
L  N  R  Ç  F  C  L  R  O  B  Ô  S  G
O  O  E  I  E  U  H  O  I  U  C  D  G  A
P  L  A  N  E  T  A  Y  I  V  N  R  B  L
M  O  L  E  D  U  H  U  D  K  R  C  Q  Á
M  G  I  M  C  R  C  S  C  K  M  O  F  X
U  I  S  A  J  I  L  U  S  Ã  O  K  S  I
N  A  T  B  N  S  A  H  S  L  U  U  Z  A
D  X  A  Z  U  T  E  X  P  L  O  S  Ã  O
O  E  N  I  M  A  G  I  N  Á  R  I  O  A
```

ATÓMICO	LIVROS
CINEMA	MISTERIOSO
DISTOPIA	MUNDO
EXPLOSÃO	ORÁCULO
EXTREMO	PLANETA
FOGO	REALISTA
FUTURISTA	ROBÔS
GALÁXIA	TECNOLOGIA
ILUSÃO	UTOPIA
IMAGINÁRIO	

26 - Città

```
K V J I Y N L I V R A R I A
U A X E I A C L Í N I C A E
A E R O P O R T O J B C H X
E G A L E R I A E Ç P J C E
S U P E R M E R C A D O I S
C O A T H I M U S E U O N T
O Ç D P E O A E L O J A E Á
L V A M K A T Y R X S X M D
A S R G N W T E Y C Q Y A I
U Y I U A W D R L B A N C O
F R A Z D C W F O N F D L U
F L O R I S T A L T Z Q O Ç
B I B L I O T E C A C V C Z
X P F A R M Á C I A G P Q C
```

AEROPORTO
BANCO
BIBLIOTECA
CINEMA
CLÍNICA
FARMÁCIA
FLORISTA
GALERIA
HOTEL

LIVRARIA
MERCADO
MUSEU
LOJA
PADARIA
ESCOLA
ESTÁDIO
SUPERMERCADO
TEATRO

27 - Virtù #1

```
E  U  X  X  F  M  T  Q  S  E  I  P  F  P
F  P  F  V  U  X  N  B  Á  N  N  R  H  A
I  X  W  Q  C  D  Y  D  B  C  T  Á  O  C
C  H  U  Ç  W  Y  L  I  I  A  E  T  E  I
I  C  U  R  I  O  S  O  O  N  L  I  I  E
E  G  E  N  E  R  O  S  O  T  I  C  Ç  N
N  L  Ú  T  I  L  A  D  S  A  G  O  I  T
T  M  I  N  D  E  P  E  N  D  E  N  T  E
E  M  O  M  A  P  A  I  X  O  N  A  D  O
I  K  J  D  P  P  L  J  C  R  T  Z  N  U
Q  Q  V  Ç  E  O  T  B  N  U  E  H  O  V
S  J  Y  F  Q  S  Z  O  K  H  P  P  Z  V
U  H  F  M  J  H  T  M  Z  B  O  T  V  D
D  E  C  I  S  I  V  O  V  J  K  Z  A  V
```

ENCANTADOR
APAIXONADO
BOM
CURIOSO
DECISIVO
EFICIENTE
GENEROSO
INDEPENDENTE

INTELIGENTE
MODESTO
PACIENTE
PRÁTICO
LIMPO
SÁBIO
ÚTIL

28 - Compleanno

```
A  Z  Z  S  W  H  P  P  Ç  A  D  C  E  J
L  L  F  Z  M  S  O  J  W  N  T  A  S  O
E  F  E  C  P  S  E  U  A  O  T  R  P  V
V  D  L  G  C  A  N  Ç  Ã  O  H  T  E  E
F  D  I  A  R  B  N  J  V  D  F  Õ  C  M
S  F  Z  F  C  E  H  G  T  G  L  E  I  R
A  B  U  O  Y  D  S  J  V  L  F  S  A  H
V  P  Ç  Y  Ç  O  A  M  I  G  O  S  L  Q
N  Ç  R  D  H  R  C  O  N  V  I  T  E  S
A  V  F  E  X  I  B  O  L  O  Q  E  J  V
S  F  E  B  N  A  X  D  X  J  D  M  E  U
C  U  M  L  E  D  P  U  E  V  E  P  C  V
E  N  Ç  H  A  T  E  X  C  N  D  O  R  O
R  Q  H  S  M  S  G  R  D  O  M  H  V  U
```

AMIGOS	CONVITES
ANO	NASCER
VELAS	APRENDER
CANÇÃO	DOM
CARTÕES	SABEDORIA
FELIZ	ESPECIAL
ALEGRE	TEMPO
DIA	BOLO
JOVEM	

29 - Fattoria #1

```
A  Á  P  A  G  R  I  C  U  L  T  U  R  A
B  G  S  C  M  K  F  U  A  K  C  X  Z  G
E  U  W  J  V  E  M  Z  P  B  E  K  R  U
L  A  Ç  K  F  V  L  K  J  O  R  I  I  E
H  T  G  P  G  D  S  C  Ã  O  C  A  I  C
A  P  F  E  R  T  I  L  I  Z  A  N  T  E
S  C  O  B  E  Z  E  R  R  O  E  B  P  C
E  A  T  R  R  E  B  A  N  H  O  K  P  A
M  V  S  I  C  C  U  O  J  X  R  J  C  M
E  A  N  T  Y  O  R  J  R  M  N  N  H  P
N  L  B  J  H  Y  R  F  R  A  N  G  O  O
T  O  G  A  T  O  O  E  A  R  R  O  Z  J
E  K  V  A  C  A  Y  N  U  G  T  U  G  R
S  R  Y  L  J  Q  P  O  A  Ç  M  X  L  O
```

ÁGUA	GATO
AGRICULTURA	REBANHO
ABELHA	PORCO
BURRO	MEL
CAMPO	VACA
CÃO	FRANGO
CABRA	CERCA
CAVALO	ARROZ
FERTILIZANTE	SEMENTES
FENO	BEZERRO

30 - Paesaggi

```
C G E Y S E R I O X V D P T
O A J N Ç N W L C M A R G V
L A V R U C P H F V L Q N T
I I Z E I Z T A S V E A H X
N J D C R C Q X C J K R G X
A N H P Â N T A N O P C Z O
D K N J Q J A G E L E I R A
A E M O N T A N H A N I O V
A W S O C E A N O N Í C Á U
F T G E Y W P Y C C N E S L
T U N D R A L A K X S B I C
C A S C A T A D B L U E S Ã
I E D R J U O R L O L R U O
Z P R A I A K C I F A G J M
```

CASCATA   MAR
COLINA   MONTANHA
DESERTO   OÁSIS
RIO   OCEANO
GEYSER   PÂNTANO
GELEIRA   PENÍNSULA
CAVERNA   PRAIA
ICEBERG   TUNDRA
ILHA   VALE
LAGO   VULCÃO

31 - Ristorante #2

```
V E Q P O D P G L G M A C U
T S L E R V E B Q R Q L O S
D P E I T B O L O K V M L Q
A E G X E Q R D I S D O H A
P C U E F H S A L C I Ç E G
E I M X U K U L E C I O R H
R A E P V T K Z R A L O F V
I R S X X Á A F N D A L S B
T I O I C L G R V E I M G O
I A P G G G Ç U T I Y X A T
V S A E J A N T A R D Ç R D
O I K L R R S A L A D A Ç H
A X C O E F B E B I D A O Y
U X T E Y O H U G P Q Q M L
```

ÁGUA
APERITIVO
BEBIDA
GARÇOM
JANTAR
COLHER
DELICIOSO
GARFO
FRUTA
GELO

SALADA
SOPA
PEIXE
ALMOÇO
SAL
CADEIRA
ESPECIARIAS
BOLO
OVO
LEGUMES

32 - Giardino

```
B T L K U A S G E I X K X X
A L A W T E R R A Ç O V K X
N E G L G O U A Y R S O L O
C R O Q V I D E I R A X R J
O M A N G U E I R A Y G U L
T A J P S Á G Ç B Ç G L E G
R N A W Y R R R C E R C A M
A C R P Á V A R A N D A S A
M I D R P O M A R M P F Q C
P N I Z F R A K B P A X C A
O H M N F E D A U T Y M V U
L O X S F L O R S B C N Ç K
I R M L D U B U T R E J H H
M Y V H G Z W E O Y F L X S
```

ÁRVORE   VARANDA
MACA   GRAMADO
ARBUSTO   ANCINHO
GRAMA   CERCA
FLOR   LAGOA
POMAR   SOLO
GARAGEM   TERRAÇO
JARDIM   TRAMPOLIM
PÁ   MANGUEIRA
BANCO   VIDEIRA

33 - Frutta

```
Q  V  N  T  L  B  P  T  U  R  O  P  T  A
C  A  P  U  V  A  O  Ê  B  S  Y  E  E  B
Q  O  P  M  A  N  G  A  S  L  E  R  K  A
L  I  M  Ã  O  A  C  E  C  S  B  A  I  C
H  W  F  Y  R  N  U  Q  E  F  E  L  W  A
I  D  L  R  P  A  M  O  R  A  U  G  I  T
Q  F  A  M  A  M  Ã  O  E  M  M  N  O  E
B  A  G  A  N  M  R  S  J  E  M  A  I  B
U  Q  Z  N  P  Z  B  X  A  I  E  B  Ç  O
D  A  M  A  S  C  O  O  K  X  L  A  I  Ã
B  H  R  B  L  K  P  N  E  A  Ã  C  M  B
N  E  C  T  A  R  I  N  A  S  O  A  P  H
I  H  Ç  A  L  A  R  A  N  J  A  X  H  M
V  Q  B  H  F  X  D  V  F  N  S  I  T  Z
```

DAMASCO	MANGA
ABACAXI	MAÇÃ
LARANJA	MELÃO
ABACATE	AMORA
BAGA	NECTARINA
BANANA	MAMÃO
CEREJA	PERA
KIWI	PÊSSEGO
FRAMBOESA	AMEIXA
LIMÃO	UVA

34 - Fattoria #2

```
L  Q  C  W  D  P  G  A  N  S  O  K  C  M
E  O  M  I  P  A  T  O  N  Ç  P  M  O  A
I  C  L  T  F  S  I  X  F  I  O  S  R  D
T  T  F  R  U  T  A  W  C  A  M  D  D  U
E  K  Q  I  C  O  L  M  E  I  A  A  E  R
F  R  Z  G  E  R  H  I  L  W  R  G  I  O
F  L  X  O  V  Y  G  L  E  W  T  R  R  S
E  O  Ç  U  A  A  R  H  I  C  A  I  O  K
Ç  X  J  A  D  Q  T  O  R  L  N  C  J  H
O  C  W  N  A  D  U  C  O  H  F  U  O  P
I  R  R  I  G  A  Ç  Ã  O  A  T  L  L  M
T  R  A  T  O  R  Q  B  A  M  G  T  O  A
O  V  E  L  H  A  N  Q  J  A  W  O  K  K
M  G  V  H  A  P  R  A  D  O  Z  R  I  C
```

CORDEIRO   LHAMA
AGRICULTOR   LEITE
COLMEIA   MILHO
PATO   MADURO
ANIMAIS   GANSO
CELEIRO   CEVADA
FRUTA   PASTOR
POMAR   OVELHA
TRIGO   PRADO
IRRIGAÇÃO   TRATOR

35 - Dinosauri

```
C  K  Z  X  J  T  P  P  R  É  P  T  I  L
R  A  P  O  D  E  R  O  S  O  R  H  C  G
L  J  U  N  S  R  E  Q  A  J  É  E  A  T
Y  O  S  D  W  R  S  S  Q  R  H  R  R  W
M  W  V  U  A  A  A  W  K  N  I  B  N  P
V  I  C  I  O  S  O  I  Y  T  S  Í  Í  E
Y  T  R  Y  M  A  M  U  T  E  T  V  V  J
O  J  A  F  C  S  O  B  J  N  Ó  O  O  Q
E  S  P  É  C  I  E  S  T  O  R  R  R  J
R  A  T  Ç  P  Y  F  S  F  R  I  O  O  S
E  V  O  L  U  Ç  Ã  O  H  M  C  E  U  U
S  G  R  A  N  D  E  C  T  E  O  R  W  Y
N  I  F  Ó  S  S  E  I  S  K  O  K  Ç  Y
T  A  M  A  N  H  O  O  N  Í  V  O  R  O
```

ASAS	PODEROSO
CARNÍVORO	PRESA
CAUDA	PRÉ-HISTÓRICO
ENORME	RAPTOR
HERBÍVORO	RÉPTIL
EVOLUÇÃO	ESPÉCIES
FÓSSEIS	TAMANHO
GRANDE	TERRA
MAMUTE	VICIOSO
ONÍVORO	

36 - Verdure

```
A  A  B  G  A  L  H  O  N  J  E  B  Q  C
W  I  Q  R  E  K  T  O  M  A  T  E  Q  E
Z  L  P  D  W  N  T  Ç  U  B  R  R  Y  N
O  E  E  O  E  X  G  W  J  Ó  A  I  K  O
B  A  T  A  T  A  E  I  U  B  B  N  A  U
C  E  B  O  L  A  R  J  B  O  A  G  L  R
O  S  R  V  X  Ç  V  N  K  R  N  E  C  A
G  P  C  S  Y  J  I  U  P  A  E  L  A  P
U  I  Ç  A  Q  U  L  C  J  Y  T  A  C  E
M  N  J  L  Z  N  H  R  U  B  E  Ç  H  P
E  A  Ç  S  C  H  A  L  O  T  A  B  O  I
L  F  C  A  B  H  J  B  H  G  K  D  F  N
O  R  S  A  L  A  D  A  O  M  A  X  R  O
I  E  B  R  Ó  C  O  L  I  S  E  V  A  C
```

ALHO	ERVILHA
BRÓCOLIS	TOMATE
ALCACHOFRA	SALSA
CENOURA	NABO
PEPINO	RABANETE
CEBOLA	CHALOTA
COGUMELO	AIPO
SALADA	ESPINAFRE
BERINGELA	GENGIBRE
BATATA	ABÓBORA

37 - Scuola #2

```
Y  G  U  H  F  E  Z  X  Ô  N  I  B  U  S
D  Y  J  U  L  Z  S  Q  G  B  T  L  E  A
P  R  O  F  E  S  S  O  R  I  E  I  D  P
Z  D  G  J  I  J  W  T  A  B  S  V  U  A
P  D  O  H  T  Ç  U  Z  M  L  O  R  C  T
J  A  S  S  U  M  E  Y  Á  I  U  O  A  O
C  O  P  C  R  N  F  C  T  O  R  S  Ç  S
I  B  V  E  A  Z  C  Q  I  T  A  Y  Ã  P
L  L  Q  Ç  L  Y  P  B  C  E  N  V  O  O
Z  Á  C  I  Ê  N  C  I  A  C  Y  N  V  A
Y  E  P  H  L  I  T  E  R  A  T  U  R  A
O  G  E  I  A  C  A  D  Ê  M  I  C  O  F
P  L  E  I  S  M  O  C  H  I  L  A  L  T
D  I  C  I  O  N  Á  R  I  O  U  L  E  X
```

ACADÊMICO	PROFESSOR
ÔNIBUS	LITERATURA
BIBLIOTECA	LEITURA
PAPEL	LIVROS
DICIONÁRIO	LÁPIS
EDUCAÇÃO	SAPATOS
TESOURA	CIÊNCIA
JOGOS	MOCHILA
GRAMÁTICA	

38 - Barbecue

```
T F C V J F U Q G T P L X M
O R S D E L O H L V I E Ç Ç
M A L M O Ç O M N D M G X T
A N D O B F L F E C E U N M
T G D L Ç R A O B E N M S R
E O E H J U I M M B T E A K
S I D O F T E U Í O A S L M
G R E L H A J K S L W K A Ú
F A C A S A L A W A I P D S
C O N V I T E Y N S T A A I
J O G O S Q U E N T E M S C
W U E E Y U C I M X A G X A
V N X C T O Q J R V E R Ã O
E O J P E P J B L K D R V W
```

QUENTE
JANTAR
CEBOLAS
FACAS
VERÃO
FOME
FAMÍLIA
FRUTA
JOGOS
GRELHA

SALADAS
CONVITE
MÚSICA
PIMENTA
FRANGO
TOMATES
ALMOÇO
SAL
MOLHO
LEGUMES

39 - Riempire

```
Y  M  N  R  G  A  R  R  A  F  A  S  S  E
D  A  A  B  A  R  R  I  L  P  A  S  T  A
X  L  V  A  V  A  S  O  P  O  E  X  U  V
B  A  I  C  E  S  T  A  L  Z  N  M  B  G
O  A  O  I  T  P  S  N  X  A  V  W  O  C
L  Y  L  A  A  P  A  C  O  T  E  O  P  Y
S  U  D  D  A  T  C  D  S  W  L  A  H  T
O  P  V  N  E  G  O  A  B  N  O  N  T  T
B  A  N  D  E  J  A  U  I  G  P  L  H  I
L  B  Q  B  L  N  A  T  C  X  E  S  Ç  A
X  C  E  C  C  R  A  C  P  E  A  A  E  D
J  Q  W  P  G  N  C  S  K  G  P  H  T  J
P  T  C  W  X  V  B  S  V  B  X  L  D  L
R  F  M  B  Z  Z  Q  L  I  F  G  E  C  Ç
```

BACIA	PACOTE
BARRIL	CAIXA
SACO	BALDE
GARRAFA	BOLSO
ENVELOPE	TUBO
PASTA	MALA
GAVETA	VASO
CESTA	BANDEJA
NAVIO	

40 - Insetti

```
F B E S O U R O C J G L D M
Y O Ç G A F A N H O T O X O
M A R I P O S A J A D U F S
I B M M V E S P A N C V D Q
R E O Ç I C Q S F I U A R U
D L P U L G A Ç R N P A N I
Ç H U Z J N A A R H I D T T
E A L I B É L U L A M E L O
M B G M I N H O C A C U A V
R S Ã O N O Z R O N X S R I
H F O W C I G A R R A G V N
G E Z B A R A T A F E X A L
B O R B O L E T A X C C D P
A I W J V N X N V O T Ç I T
```

PULGÃO	LARVA
ABELHA	LIBÉLULA
GAFANHOTO	LOUVA-A-DEUS
CIGARRA	PULGA
JOANINHA	BARATA
BESOURO	CUPIM
MARIPOSA	MINHOCA
BORBOLETA	VESPA
FORMIGA	MOSQUITO

41 - Erboristeria

```
E S K Z D O G U L M G M C U
Ç S Q Ç J A R D I M U A U S
G X T J X B B É N D E N L Ç
Ç A C R K T D O G C Ç J I A
M Ç F H A U U Ç R A E E N M
V A U D O G V L E L N R Á A
E F N U P Z Ã C D E D O R R
R R C J A T L O I C R N I O
D Ã H J E I B Z E R O A O M
E O O I V R N F N I S E F Á
M E N T A H I N T M A X L T
L A V A N D A C E R L V O I
T O M I L H O E Ã Ç S A R C
Q U A L I D A D E O A L H O
```

ALHO
ENDRO
AROMÁTICO
MANJERICÃO
CULINÁRIO
ESTRAGÃO
FUNCHO
FLOR
JARDIM
INGREDIENTE

LAVANDA
MANJERONA
MENTA
ORÉGANO
SALSA
QUALIDADE
ALECRIM
TOMILHO
VERDE
AÇAFRÃO

42 - Danza

```
A E X P R E S S I V O D E C
Z C O R E O G R A F I A N U
G R A Ç A C U L T U R A S L
P I S D U Q X A R T E V A T
A T O A E M O Ç Ã O T I I U
R M U D L M B A P N W S O R
C O R P O T I P O S T U R A
E D W T S Y A A M A M A T L
I A Y D S S S R H L Ú L U K
R C L Á S S I C O E S V Y U
O E T Y G V C E K G I G Ç O
M O V I M E N T O R C V E U
Q Y F A U N P S V E A Z S P
C B R T R A D I C I O N A L
```

ACADEMIA
ARTE
CLÁSSICO
PARCEIRO
COREOGRAFIA
CORPO
CULTURA
CULTURAL
EMOÇÃO
EXPRESSIVO

ALEGRE
GRAÇA
MOVIMENTO
MÚSICA
POSTURA
ENSAIO
RITMO
SALTAR
TRADICIONAL
VISUAL

43 - Scuola #1

```
A U J P C A D E I R A Q M H
L M A R C A D O R E S H A Y
M U K O A P R E N D E R T H
O Y L F N A Q Ç Ú T V G E T
Ç W H E E P O S M N G P M O
O X B S T E H D E E Y E Á R
A L Ç S A L I V R O S X T E
E L Y O S Á A J O D K A I S
W W F R O P T M S V J M C P
O N P A S I N A I V U E A O
T C A B B S N Y S G C S Q S
D I F Z Ç E Y Z S L O Y Z T
P A S T A S T V A C N S O A
X E B I B L I O T E C A Y S
```

ALFABETO	MATEMÁTICA
AMIGOS	LÁPIS
BIBLIOTECA	NÚMEROS
PAPEL	CANETAS
PASTAS	APRENDER
EXAMES	ALMOÇO
PROFESSOR	RESPOSTAS
LIVROS	MESA
MARCADORES	CADEIRA

44 - Fiori

```
T  R  E  V  O  G  F  L  C  D  N  K  I  P
T  U  L  I  P  A  P  Ç  E  E  A  Ç  L  T
B  U  Q  U  Ê  R  E  F  V  N  J  K  P  P
V  M  N  F  V  D  Ô  P  É  T  A  L  A  J
G  A  C  A  A  Ê  N  R  T  E  S  H  P  N
L  G  I  Q  Z  N  I  J  L  D  M  I  O  A
B  N  V  G  I  A  M  I  E  I  B  U  R  R
V  Ó  Z  C  I  A  U  W  L  L  M  I  L  C
P  L  U  M  E  R  I  A  Á  E  N  S  A  I
A  I  Y  Ç  O  O  A  L  S  Ã  U  C  U  S
E  A  I  H  P  S  I  S  Í  O  U  O  E  O
B  A  N  K  H  A  C  A  S  R  V  D  X  W
O  R  Q  U  Í  D  E  A  C  O  I  G  A  Z
M  A  R  G  A  R  I  D  A  E  L  O  L  I
```

DENTE-DE-LEÃO	NARCISO
GARDÊNIA	ORQUÍDEA
JASMIM	PAPOULA
LÍRIO	PEÔNIA
GIRASSOL	PÉTALA
HIBISCO	PLUMERIA
LILÁS	ROSA
MAGNÓLIA	TREVO
MARGARIDA	TULIPA
BUQUÊ	

45 - Ecologia

```
A  G  S  R  V  S  W  O  W  J  T  J  Q  N
E  T  P  E  Q  E  L  N  S  N  O  S  E  L
O  Z  H  C  Ç  C  G  G  B  N  L  I  B  U
J  F  A  U  N  A  Z  E  L  H  D  A  Q  S
E  P  B  R  A  U  E  S  T  O  D  Q  U  U
S  Â  I  S  T  V  L  W  K  A  B  Q  A  S
P  N  T  O  U  G  O  I  U  X  Ç  A  B  T
É  T  A  S  R  D  D  P  E  Q  T  Ã  L  E
C  A  T  C  E  G  Ç  L  A  H  L  Ç  O  N
I  N  Z  Z  Z  R  N  A  T  U  R  A  L  T
E  O  L  M  A  R  I  N  H  O  X  D  Q  Á
S  N  N  U  M  C  J  T  W  L  R  L  L  V
C  L  I  M  A  G  B  A  Q  B  Y  Q  Z  E
F  L  O  R  A  B  V  S  M  J  O  U  L  L
```

CLIMA	PÂNTANO
FAUNA	PLANTAS
FLORA	RECURSOS
GLOBAL	SECA
HABITAT	SUSTENTÁVEL
MARINHO	ESPÉCIES
NATUREZA	VEGETAÇÃO
NATURAL	

46 - Discipline Scientifiche

```
A  S  O  C  I  O  L  O  G  I  A  B  N  P
A  N  G  E  O  L  O  G  I  A  E  I  E  S
Q  S  A  S  R  B  E  R  E  L  C  O  U  I
U  W  T  T  B  I  O  P  F  W  O  L  R  C
Í  T  M  R  O  U  B  T  L  T  L  O  O  O
M  K  T  F  O  M  N  Ç  Â  T  O  G  L  L
I  C  H  G  W  N  I  F  Ç  N  G  I  O  O
C  Y  X  B  F  C  O  A  W  B  I  A  G  G
A  B  I  O  Q  U  Í  M  I  C  A  C  I  I
I  M  U  N  O  L  O  G  I  A  Y  U  A  A
M  E  C  Â  N  I  C  A  P  A  S  W  Ç  P
T  E  R  M  O  D  I  N  Â  M  I  C  A  X
V  A  R  Q  U  E  O  L  O  G  I  A  A  N
F  I  S  I  O  L  O  G  I  A  G  K  Q  R
```

ANATOMIA	FISIOLOGIA
ARQUEOLOGIA	GEOLOGIA
ASTRONOMIA	IMUNOLOGIA
BIOQUÍMICA	MECÂNICA
BIOLOGIA	NEUROLOGIA
BOTÂNICA	PSICOLOGIA
QUÍMICA	SOCIOLOGIA
ECOLOGIA	TERMODINÂMICA

47 - Scienza

M	É	T	O	D	O	H	D	A	D	O	S	P	H
O	I	E	X	P	E	R	I	Ê	N	C	I	A	I
E	Ç	N	E	V	O	L	U	Ç	Ã	O	R	R	P
O	B	S	E	R	V	A	Ç	Ã	O	X	O	T	Ó
S	F	J	G	R	A	V	I	D	A	D	E	Í	T
L	A	B	O	R	A	T	Ó	R	I	O	N	C	E
Á	T	O	M	O	Y	I	N	V	W	Z	A	U	S
Q	O	F	H	V	F	Ó	S	S	I	L	T	L	E
U	P	Í	X	C	L	I	M	A	O	N	U	A	Q
Í	S	S	G	B	S	Q	T	E	J	F	R	S	H
M	I	I	J	X	U	U	L	K	V	E	E	J	A
I	P	C	I	E	N	T	I	S	T	A	Z	U	Y
C	F	A	W	M	O	L	É	C	U	L	A	S	X
O	R	G	A	N	I	S	M	O	D	E	R	H	X

ÁTOMO

QUÍMICO

CLIMA

DADOS

EXPERIÊNCIA

EVOLUÇÃO

FATO

FÍSICA

FÓSSIL

GRAVIDADE

HIPÓTESE

LABORATÓRIO

MÉTODO

MINERAIS

MOLÉCULAS

NATUREZA

ORGANISMO

OBSERVAÇÃO

PARTÍCULAS

CIENTISTA

48 - Acqua

```
B  T  J  X  G  F  U  N  Q  C  A  N  A  L  L
Z  C  F  C  H  U  V  E  I  R  O  B  U  A  A
C  C  D  H  Ç  R  G  V  W  U  L  X  S  G  G
Y  D  M  U  Ç  A  E  E  M  D  X  J  U  O
P  M  U  V  E  C  A  R  Y  D  G  Z  S  W
O  O  M  A  Q  Ã  D  D  E  S  C  E  U  B
T  N  I  H  X  O  A  Q  Z  Q  E  C  L  G
Á  Ç  D  V  A  P  O  R  K  Ç  S  R  I  O
V  Ã  A  A  G  F  T  Q  Q  M  M  P  S  C
E  O  D  I  S  V  Ç  S  R  J  S  U  M  E
L  G  E  I  N  U  N  D  A  Ç  Ã  O  U  A
Ç  C  T  Z  N  O  O  B  R  K  D  H  C  N
Z  B  O  G  H  I  R  R  I  G  A  Ç  Ã  O
E  V  A  P  O  R  A  Ç  Ã  O  A  J  Q  W
```

INUNDAÇÃO	MONÇÃO
CANAL	NEVE
CHUVEIRO	OCEANO
EVAPORAÇÃO	ONDAS
RIO	CHUVA
GEADA	POTÁVEL
GEYSER	UMIDADE
GELO	FURACÃO
IRRIGAÇÃO	VAPOR
LAGO	

49 - Gatti

```
W  L  A  D  M  S  S  F  R  C  F  Z  O  J
W  E  I  T  Z  B  E  O  C  U  I  L  B  J
E  Z  Z  T  Z  N  L  D  A  R  O  I  H  O
O  N  D  V  G  Q  V  Q  U  I  F  C  T  C
O  R  G  I  T  P  A  C  D  O  P  L  E  A
G  P  E  R  I  B  G  T  A  S  Z  A  C  Ç
F  K  L  W  A  O  E  Í  H  O  F  P  Y  A
P  A  T  A  R  Ç  M  M  O  U  S  E  G  D
X  G  C  E  L  W  A  I  J  N  I  R  A  O
P  E  L  E  O  L  H  D  O  R  M  I  R  R
O  B  N  Q  U  K  L  O  O  N  D  P  R  P
B  R  I  N  C  A  L  H  Ã  O  R  G  A  H
P  E  R  S  O  N  A  L  I  D  A  D  E  I
I  N  D  E  P  E  N  D  E  N  T  E  B  F
```

GARRA
CAÇADOR
CAUDA
CURIOSO
ENGRAÇADO
DORMIR
FIO
BRINCALHÃO

INDEPENDENTE
LOUCO
PELE
PERSONALIDADE
SELVAGEM
TÍMIDO
MOUSE
PATA

50 - Imbarcazioni

```
S Q V I B Y C O R D A M N M
M G C C A I A Q U E Ç P Á A
M A G I L A N G V D Q O U R
O A S I S T O C E A N O T É
N J R T A E A M L Â X O I H
D A Z I R I O O E N H V C R
A N L A N O A J I C H E O U
S G M A R H Q U R O L A G O
Y A G R O L E L O R G M H X
F D C J L R O I A A A O G S
G A B L L Y J B R J E T K H
B Ó I A O N F R W O F O H W
T R I P U L A Ç Ã O P R K A
T G W Q B Y G G S H G D M Q
```

MASTRO   MAR
ÂNCORA   MARÉ
VELEIRO   MARINHEIRO
BÓIA   MOTOR
CANOA   NÁUTICO
CORDA   OCEANO
TRIPULAÇÃO   ONDAS
RIO   BALSA
CAIAQUE   IATE
LAGO   JANGADA

51 - Api

```
N D E I F D M Y I E F F X P
F I X A M M V E Ç H Ç L A P
U V F E C F R U T A H J Z L
M E L C I L C O L M E I A A
A R H O Z O E N X A M E S N
Ç S F S H R Z L Y P D F A T
A I L S J A R D I M Ó G S A
S D O I J I B D Z L C L D S
O A R S Y N I I X Z V B E V
L D E T F H L N T C E R A N
R E S E Y A L Q S A F I Y K
H R R M V V I V Q E T B B Ç
Z S A A X E C P T K T S Ç F
B E N É F I C O J P E O M Z
```

ASAS
COLMEIA
BENÉFICO
CERA
DIVERSIDADE
ECOSSISTEMA
FLORES
FLOR
FRUTA
FUMAÇA

JARDIM
HABITAT
INSETO
MEL
PLANTAS
PÓLEN
RAINHA
ENXAME
SOL

52 - Conservazione

```
A T X S L Y N N S V E R D E
H M R K J C S A O Á H C Q C
R A B Z L Q A T T G A L E O
E Q B I F L Ú W L U O I L S
D F K I E J D Y Z A R M P S
U G L N T N E K P N G A O I
Z X F E W A T S M Ç Â E L S
I G P A H B T A R G N D U T
R K R X Z C I C L O I U I E
P E S T I C I D A M C C Ç M
V O L U N T Á R I O O A Ã A
S U S T E N T Á V E L Ç O N
R E C I C L A R G Y Ç Ã G G
Q K W G K M K N I T P O X P
```

ÁGUA	ORGÂNICO
AMBIENTAL	PESTICIDA
CICLO	RECICLAR
CLIMA	REDUZIR
ECOSSISTEMA	SAÚDE
EDUCAÇÃO	SUSTENTÁVEL
HABITAT	VERDE
POLUIÇÃO	VOLUNTÁRIO
NATURAL	

53 - Strumenti Musicali

```
D F H M T F R H B J O F Q T
N K A O Q A Ç C A Z B L O R
W Ç R Y Ç G M Y N C O A B O
V I P Q W O G B D L É U M M
Z I A U A T K L O A M T A P
J V O K V E I E L R Y A R E
V I O L I N O W I I G G I T
D C I Ç Ã G F Q M N Z O M E
G A I T A O F F W E B N B T
P E R C U S S Ã O T A G A M
P I A N O R I I Q E N O N B
T R O M B O N E K B J B O L
I P N P A N D E I R O M S M
S A X O F O N E U Ç I W X J
```

GAITA	OBOÉ
HARPA	PERCUSSÃO
BANJO	PIANO
VIOLÃO	SAXOFONE
CLARINETE	PANDEIRO
FAGOTE	TAMBOR
FLAUTA	TROMPETE
GONGO	TROMBONE
BANDOLIM	VIOLINO
MARIMBA	

54 - Professioni #2

```
F  O  T  Ó  G  R  A  F  O  N  B  L  B  J
P  R  O  F  E  S  S  O  R  Z  K  I  I  O
I  L  U  S  T  R  A  D  O  R  K  N  B  R
P  C  B  I  Ó  L  O  G  O  D  U  G  L  N
J  I  N  V  E  N  T  O  R  E  P  U  I  A
A  R  N  D  E  N  T  I  S  T  A  I  O  L
R  U  Z  T  S  I  X  K  N  E  O  S  T  I
D  R  O  C  O  A  P  I  F  T  M  T  E  S
I  G  Ó  N  G  R  I  D  M  I  S  A  C  T
N  I  L  F  V  R  L  U  É  V  M  S  Á  A
E  Ã  O  V  D  E  O  G  D  E  Ç  D  R  Q
I  O  G  V  R  D  T  I  I  S  L  S  I  A
R  R  O  W  U  D  O  F  C  Y  U  G  O  R
O  Ç  B  F  I  L  Ó  S  O  F  O  W  X  T
```

BIBLIOTECÁRIO
BIÓLOGO
CIRURGIÃO
DENTISTA
DETETIVE
FILÓSOFO
FOTÓGRAFO
JARDINEIRO
JORNALISTA

ILUSTRADOR
PROFESSOR
INVENTOR
LINGUISTA
MÉDICO
PILOTO
PINTOR
ZOÓLOGO

55 - Letteratura

```
B P C D E S C R I Ç Ã O F O
I O X O M T R A G É D I A I
O E L S M E D N G Ê N E R O
G M U O W P T L T D S A J
R A E K B C A Á R U X T N C
A O F Q H E W R F D D I A O
F P R I M A K P A O K L L N
I Q I O Q U T O D Ç R O O C
A M T W M F M É I E Ã A G L
F J M G Z A E T F C P O I U
H K O O P I N I Ã O A J A S
A N E D O T A C A U T O R Ã
A N Á L I S E O E T E M A O
D I Á L O G O O P G W K L S
```

ANÁLISE
ANALOGIA
ANEDOTA
AUTOR
BIOGRAFIA
CONCLUSÃO
COMPARAÇÃO
DESCRIÇÃO
DIÁLOGO
GÊNERO

METÁFORA
OPINIÃO
POEMA
POÉTICO
RIMA
RITMO
ROMANCE
ESTILO
TEMA
TRAGÉDIA

56 - Cibo #2

```
E  A  B  I  Z  G  J  K  T  R  I  G  O  C
P  R  E  S  U  N  T  O  I  F  T  D  V  E
B  F  R  C  L  V  I  L  N  W  R  O  O  R
R  R  I  C  D  U  A  Ç  U  S  I  P  N  E
Ó  A  N  B  A  N  A  N  A  G  E  Ã  C  J
C  N  G  I  O  G  U  R  T  E  L  O  E  A
O  G  E  M  A  Ç  Ã  A  I  Ç  T  X  W  A
L  O  L  C  O  G  U  M  E  L  O  S  O  A
I  P  A  Ç  A  C  H  O  C  O  L  A  T  E
S  H  E  A  R  R  O  Z  Q  Q  X  A  O  F
P  K  U  I  Q  U  E  I  J  O  H  K  M  V
E  B  L  P  X  H  Z  L  Ç  O  V  J  A  T
T  U  R  O  M  E  J  P  W  A  E  Z  T  Z
B  Q  Z  S  J  R  K  S  Ç  O  V  O  E  B
```

BANANA
BRÓCOLIS
CEREJA
CHOCOLATE
QUEIJO
COGUMELO
TRIGO
KIWI
MAÇÃ
BERINGELA

PÃO
PEIXE
FRANGO
TOMATE
PRESUNTO
ARROZ
AIPO
OVO
UVA
IOGURTE

57 - Nutrizione

```
R  T  U  D  I  G  E  S  T  Ã  O  P  Ç  E
F  L  C  I  U  W  D  E  A  D  Q  R  C  Q
E  S  P  E  C  I  A  R  I  A  S  O  P  U
R  A  P  T  N  O  K  A  Ç  P  Q  T  E  I
M  Ú  L  A  T  U  M  F  G  E  Ç  E  S  L
E  D  Í  Q  O  R  T  E  Q  T  X  Í  O  I
N  E  Q  U  X  C  M  R  S  I  D  N  T  B
T  Ç  U  A  I  A  T  O  I  T  E  A  F  R
A  K  I  L  N  L  S  Ç  L  E  Í  S  G  A
Ç  M  D  I  A  O  C  S  I  H  N  V  C  D
Ã  Y  O  D  W  R  F  B  D  E  O  T  E  O
O  A  S  A  A  I  S  A  U  D  Á  V  E  L
I  Y  A  D  R  A  M  A  R  G  O  R  R  S
K  H  Q  E  U  S  V  I  T  A  M  I  N  A
```

AMARGO	PESO
APETITE	PROTEÍNAS
EQUILIBRADO	QUALIDADE
CALORIAS	MOLHO
COMESTÍVEL	SAÚDE
DIETA	SAUDÁVEL
DIGESTÃO	ESPECIARIAS
FERMENTAÇÃO	TOXINA
LÍQUIDOS	VITAMINA
NUTRIENTE	

58 - Matematica

```
P  F  A  R  I  T  M  É  T  I  C  A  D  Q
A  R  P  A  R  A  L  E  L  O  D  S  I  C
R  A  R  P  G  Q  E  W  C  S  E  I  Â  U
A  Ç  A  E  T  E  N  S  Q  O  C  M  M  R
L  Ã  I  R  T  R  O  H  B  M  I  E  E  W
E  O  O  Í  X  Â  I  M  U  A  M  T  T  Q
L  Â  V  M  P  K  N  Â  E  F  A  R  R  U
O  N  O  E  O  F  I  G  N  T  L  I  O  A
G  G  L  T  L  G  K  E  U  G  R  A  D  D
R  U  U  R  Í  W  L  V  R  L  U  I  R  R
A  L  M  O  G  L  X  F  Q  K  O  L  A  A
M  O  E  Y  O  E  Q  U  A  Ç  Ã  O  O  D
O  S  P  D  N  E  X  P  O  E  N  T  E  O
G  C  L  T  O  D  I  V  I  S  Ã  O  A  Z
```

ÂNGULOS
ARITMÉTICA
DECIMAL
DIÂMETRO
DIVISÃO
EQUAÇÃO
EXPOENTE
FRAÇÃO
GEOMETRIA
PARALELO

PARALELOGRAMO
PERÍMETRO
POLÍGONO
QUADRADO
RAIO
RETÂNGULO
SIMETRIA
SOMA
TRIÂNGULO
VOLUME

59 - Bagno

```
T V B T I W L R T E P B Y S
O U A B O L H A S S E A Y Y
R V T P G A N Y K P R N H T
N C Y E O U L H Y E F H N A
E U L H S R W H V L U E X P
I O E S P O N J A H M I V E
R C Z H I K U G J O E R A T
A K Ç Y K J Y R X N P O Ç E
C H U V E I R O A I U B A H
U P B F D Y F V M S A B Ã O
B F N B U R K C P A P A T C
A L O Ç Ã O Á G U A C N H T
F F I P R A T J I J K H P C
E R J C B H C J F C K O N C
```

ÁGUA
TOALHA
BANHO
BOLHAS
CHUVEIRO
TESOURA
BANHEIRO
LOÇÃO

PERFUME
TORNEIRA
SABÃO
XAMPU
ESPELHO
ESPONJA
TAPETE
VAPOR

60 - Meditazione

```
G R A T I D Ã O B O R A O Ç
J M M Ç M H M E N T E C B M
P E N S A M E N T O S E S E
P X N K T C N Q V C P I E N
Z B D R N L I M M Q I T R T
A C O M P A I X Ã O R A V A
E T X S A R T O D U A Ç A L
C M E C Z E M U T R N Ã Ç H
A Ú O N B Z Q F R M D O Ã Ç
L S Q Ç Ç A Q L V E O Z O N
M I K A Õ Ã W C F L Z A A O
O C M E M E O B O N D A D E
O A Ç Y Q L S P O S T U R A
G P E R S P E C T I V A J T
```

ACEITAÇÃO	MENTE
ATENÇÃO	MÚSICA
CALMO	NATUREZA
CLAREZA	OBSERVAÇÃO
COMPAIXÃO	PAZ
EMOÇÕES	PENSAMENTOS
BONDADE	POSTURA
GRATIDÃO	PERSPECTIVA
MENTAL	RESPIRANDO

61 - Estate

```
T  J  R  L  D  D  U  O  C  M  A  R  X  A
A  U  F  A  I  T  A  U  A  E  C  E  T  L
U  P  F  X  D  V  V  S  P  R  A  I  A  E
C  J  D  O  W  O  R  V  T  G  M  L  M  G
A  J  A  R  D  I  M  O  E  U  P  A  Ú  R
S  A  N  D  Á  L  I  A  S  L  A  Z  S  I
A  J  O  G  O  S  H  W  T  H  M  E  I  A
B  J  N  X  H  Y  Z  G  R  O  E  R  C  V
O  A  M  I  G  O  S  H  E  G  N  P  A  I
A  D  Ç  A  G  Z  B  B  L  M  T  X  M  A
T  H  V  C  Q  Q  H  G  A  Z  O  O  D  G
F  A  M  Í  L  I  A  D  S  D  Z  O  R  E
U  R  E  L  A  X  A  M  E  N  T  O  G  M
D  O  S  Ç  E  J  Y  Q  Q  F  R  C  X  G
```

AMIGOS
ACAMPAMENTO
CASA
FAMÍLIA
JARDIM
JOGOS
ALEGRIA
MERGULHO
LIVROS

MAR
MÚSICA
RELAXAMENTO
SANDÁLIAS
PRAIA
ESTRELAS
LAZER
VIAGEM

62 - Escursionismo

```
Q  P  E  R  I  G  O  S  C  C  G  W  W  J
P  E  N  H  A  S  C  O  H  I  Y  P  N  Y
R  D  N  M  C  B  O  T  A  S  M  A  P  A
E  R  A  O  U  A  C  L  I  M  A  E  E  O
P  A  T  N  M  A  N  T  G  U  I  A  S  R
A  S  U  T  E  N  D  S  W  H  X  S  A  I
R  N  R  A  Y  I  L  W  A  Q  V  M  D  E
A  N  E  N  M  M  V  B  B  D  F  A  O  N
Ç  R  Z  H  V  A  G  K  N  K  O  G  W  T
Ã  X  A  A  Q  I  H  K  W  Á  F  Ç  G  A
O  F  H  Q  G  S  E  L  V  A  G  E  M  Ç
P  A  R  Q  U  E  S  K  Q  X  P  U  U  Ã
A  C  A  M  P  A  M  E  N  T  O  X  A  O
G  C  O  K  D  Ç  J  Y  F  K  J  Y  M  Q
```

ÁGUA
ANIMAIS
ACAMPAMENTO
CLIMA
GUIAS
MAPA
MONTANHA
NATUREZA
ORIENTAÇÃO
PARQUES

PERIGOS
PESADO
PEDRAS
PREPARAÇÃO
PENHASCO
SELVAGEM
SOL
CANSADO
BOTAS
CUME

63 - Professioni #1

```
Ç P C A R T Ó G R A F O L D
E D I T O R B P F F O Y R A
F J O A L H E I R O A V X N
C A U E N C A N A D O R D Ç
A L R X X I E A J E L P G A
Ç V U M B Q S N U N A T C R
A Q U Ú A L Z T L F R G I I
D Z F S U C J L A E T E E N
O H G I R Ç Ê T U R I Ó N O
R J Ç C J A B U Z M S L T I
A D V O G A D O T E T O I V
A S T R Ô N O M O I A G S E
P S I C Ó L O G O R C O T D
B A N Q U E I R O A Q O A U
```

ARTISTA
ASTRÔNOMO
ADVOGADO
DANÇARINO
BANQUEIRO
CAÇADOR
CARTÓGRAFO
EDITOR
FARMACÊUTICO

GEÓLOGO
JOALHEIRO
ENCANADOR
ENFERMEIRA
MÚSICO
PIANISTA
PSICÓLOGO
CIENTISTA

64 - Antartide

```
C O N T I N E N T E I K G C
P E N Í N S U L A P N N E O
N X C Ç G J X M F F V X L N
U P I L G I Y B I E E R E S
V E E M B A L E I A S O I E
E D N I A D Á H E U T B R R
N I T G E O G R A F I A A V
S Ç Í R G T U S M S G Í S A
R Ã F A A E A E B H A A T Ç
S O I Ç D D Ç S I S D Q C Ã
J S C Ã Y Q U G E L O L P O
T I O O T D M I N E R A I S
L T E M P E R A T U R A B H
R O C H O S O P E U J F R T
```

ÁGUA
AMBIENTE
BAÍA
BALEIAS
CONSERVAÇÃO
CONTINENTE
GEOGRAFIA
GELEIRAS
GELO
ILHAS

MIGRAÇÃO
MINERAIS
NUVENS
PENÍNSULA
INVESTIGADOR
ROCHOSO
CIENTÍFICO
EXPEDIÇÃO
TEMPERATURA

65 - Libri

```
I  N  V  E  N  T  I  V  O  O  O  A  A  S
H  H  R  S  E  O  H  Z  Q  C  A  L  V  É
I  U  E  C  D  U  A  L  I  D  A  D  E  R
S  M  L  R  P  Á  G  I  N  A  U  C  N  I
T  O  E  I  C  O  N  T  E  X  T  O  T  E
Ó  R  V  T  L  T  A  E  J  A  O  L  U  K
R  A  A  O  O  R  R  R  Z  H  R  E  R  P
I  D  N  X  Ç  R  R  Á  É  C  M  Ç  A  X
A  O  T  P  G  J  A  R  G  P  J  Ã  W  L
P  O  E  S  I  A  D  I  X  I  I  O  P  E
Ç  H  K  D  C  P  O  O  D  H  C  C  X  I
G  R  W  A  Q  N  R  Ç  J  V  K  O  O  T
R  O  M  A  N  C  E  A  Ç  R  Q  Y  F  O
H  I  S  T  Ó  R  I  C  O  K  G  P  T  R
```

AUTOR	PÁGINA
AVENTURA	POESIA
COLEÇÃO	RELEVANTE
CONTEXTO	ROMANCE
DUALIDADE	ESCRITO
ÉPICO	SÉRIE
INVENTIVO	HISTÓRIA
LITERÁRIO	HISTÓRICO
LEITOR	TRÁGICO
NARRADOR	HUMORADO

66 - Geografia

```
M E R I D I A N O P R A W H H
X C A T E R R I T Ó R I O E
T P I T I Y S M N O V I V M
M A R D L O N G I T U D E I
O Í É O A A K Y M U N D O S
N S G X T D S G A A O P R F
T R I S I R E S P L R A U É
A I Ã H T O W U A T T E U R
N O O T U M U L D I E D S I
H Y M C D B A D P T L N G O
A I M Ç E I M G D U V H M W
O E S T E W J W I D R U A T
N S M V O K K Q K E Z J F M
M C I R C O N T I N E N T E
```

ALTITUDE

ATLAS

CIDADE

CONTINENTE

HEMISFÉRIO

RIO

ILHA

LATITUDE

LONGITUDE

MAPA

MAR

MERIDIANO

MUNDO

MONTANHA

NORTE

OESTE

PAÍS

REGIÃO

SUL

TERRITÓRIO

67 - Cibo #1

```
L A U G H T Ç E L S L M K K
I Ç M O R A N G O N S A L A
M Ú E A A S L N A B O N I X
Ã C N W N U G H L I Q J P H
O A T S H C S T O X B E V T
F R A V A O A R S S P R Q H
C C T T F V L N A L E I T E
E E U P Q N A G E T R C H M
B N M Ç Z L D P G L A Ã F P
O O O K J R A F H X A O Q G
L U L C E V A D A C A R N E
A R W O E S P I N A F R E A
J A S C A U S Z K Q Y X E A
A V J G O M X O Z C D K I H
```

ALHO	MENTA
MANJERICÃO	CEVADA
CANELA	PERA
CARNE	NABO
CENOURA	SAL
CEBOLA	ESPINAFRE
MORANGO	SUCO
SALADA	ATUM
LEITE	BOLO
LIMÃO	AÇÚCAR

68 - Aeroplani

```
B  N  H  M  H  I  D  R  O  G  Ê  N  I  O
F  A  R  Ç  A  A  I  H  G  V  F  A  A  P
P  V  L  W  T  L  R  T  L  R  C  V  L  A
Y  E  A  Ã  M  T  E  Z  T  D  P  E  T  S
P  G  D  E  O  I  Ç  Q  R  E  A  N  U  S
Ç  A  E  W  S  T  Ã  R  I  S  A  T  R  A
O  R  O  R  F  U  O  C  P  C  É  U  A  G
R  N  F  Ç  E  D  A  R  U  I  W  R  L  E
S  K  U  G  R  E  R  F  L  D  L  A  B  I
Q  E  D  Y  A  T  K  K  A  A  B  O  F  R
H  I  S  T  Ó  R  I  A  Ç  C  C  M  T  O
C  O  N  S  T  R  U  Ç  Ã  O  F  D  I  O
O  K  L  X  A  T  L  M  O  T  O  R  L  A
C  O  M  B  U  S  T  Í  V  E  L  C  O  B
```

ALTURA	DESCIDA
ALTITUDE	TRIPULAÇÃO
AR	HIDROGÊNIO
ATMOSFERA	MOTOR
AVENTURA	NAVEGAR
COMBUSTÍVEL	BALÃO
CÉU	PASSAGEIRO
CONSTRUÇÃO	PILOTO
DIREÇÃO	HISTÓRIA

69 - Pirati

```
P  A  P  A  G  A  I  O  Q  L  L  V  C  B
H  X  M  T  E  S  O  U  R  O  S  R  C  Ú
N  E  A  O  U  R  O  N  Y  Y  X  X  G  S
L  M  P  L  E  N  D  A  F  P  T  U  G  S
K  D  A  C  S  D  Â  N  C  O  R  A  O  O
M  B  B  C  P  P  A  F  C  C  I  A  S  L
P  A  N  I  A  E  V  S  A  A  P  R  I  A
Y  N  U  I  D  R  E  D  V  P  U  U  F  A
A  D  O  L  A  I  N  M  E  I  L  M  U  B
Z  E  Y  H  W  G  T  B  R  T  A  N  E  Ç
J  I  C  A  V  O  U  M  N  Ã  Ç  W  Z  D
B  R  S  Y  Y  M  R  Y  A  O  Ã  P  Z  Z
A  A  B  M  A  B  A  T  F  C  O  E  J  K
C  I  C  A  T  R  I  Z  A  H  T  P  W  E
```

ÂNCORA	LENDA
AVENTURA	MAPA
BANDEIRA	MOEDAS
BÚSSOLA	OURO
CAPITÃO	PAPAGAIO
MAU	PERIGO
CICATRIZ	RUM
TRIPULAÇÃO	ESPADA
CAVERNA	PRAIA
ILHA	TESOURO

70 - Colori

```
Q S A G F U W O R Z Z O U B
Y É E M J T X P G C F C C K
M P Y U Y D C Z V G J G D Z
K I R O K L W R O K F Z U M
M A K R I J G B M C I N Z A
A Z U L N S F R G I R Z C G
R U S V B D L A R A N J A E
R O S A E P T N R N Z O R N
O G H M G R R C O O N B M T
M W E A E D O X P M N E A
X J N R E T T E O C C X S J
S Y P E M O G F U C H S I A
W N Y L Z C K U O Z J V M T
P J G O V E R M E L H O E N
```

LARANJA   MAGENTA
BEGE   MARROM
BRANCO   PRETO
AZUL   ROSA
CIANO   VERMELHO
CARMESIM   SÉPIA
FUCHSIA   VERDE
AMARELO   ROXO
CINZA

71 - Suoni

```
C  I  E  U  R  Y  A  M  W  E  S  A  A  R
O  X  W  B  R  D  L  G  B  L  V  P  N  E
R  L  G  L  T  V  T  G  J  X  W  I  S  S
O  F  S  V  F  I  O  J  R  P  P  T  I  S
J  S  N  I  J  B  L  R  W  X  G  O  N  O
L  I  N  B  Q  R  A  E  C  O  E  R  O  N
P  C  Q  S  I  A  R  P  T  L  M  U  H  A
T  O  S  S  E  Ç  U  E  L  X  E  O  Ç  N
A  N  I  L  A  Ã  I  T  V  A  R  Q  A  T
N  C  R  I  S  O  D  I  O  O  U  I  B  E
T  E  P  I  A  O  T  F  A  Z  D  U  H
J  R  N  S  E  K  S  I  A  N  E  E  I  M
C  T  E  L  N  Q  O  V  J  K  U  K  S  R
G  O  S  J  Y  W  K  O  R  F  Y  F  A  N
```

APLAUDIR
SINO
CONCERTO
CORO
ECO
APITO
ALTO
GEMER

REPETITIVO
RISO
RESSONANTE
RUIDOSO
SIRENES
TOSSE
VIBRAÇÃO
VOZES

72 - Spiaggia

```
D Y E Q S U K T U G C S O L
O V R Z G V U Z E G A A A Ç
C U X M U B Y A V X R N J O
A R E I A A Z R G G A D Z K
Z E Z C R R I L G R N Á W Q
O C O E D C O S T A G L I H
R I F I A O L R O F U I N X
D F A L C Z D V A U E A F V
S E N H H P U E L Y J S Ç F
U R T A U L V L H D O O I X
K G G K V Z K E A Y W K E Q
P D S Z A I N I L A G O A Z
Ç W J J O W R R O C N P P M
N M A C O S X O C E A N O T
```

TOALHA	LAGOA
BARCO	MAR
VELEIRO	OCEANO
AZUL	GUARDA-CHUVA
COSTA	AREIA
DOCA	SANDÁLIAS
CARANGUEJO	RECIFE
ILHA	SOL

73 - Avventura

```
D E S A F I O S B E L E Z A
V I A G E N S T R U D Q R Z
E I B H I W P Q A M I G O S
N A T U R E Z A V I F E P P
T A L E G R I A U T I X O R
U I V D W D Q G R I C C R E
S N S E B G N A N U U T P
I C F S G X W O S E L R U A
A O A T G A J V Y R D S N R
S M U I D O Ç O C Á A Ã I A
M U E N N R D Ã K R D O D Ç
O M G O X P E P O I E E A Ã
P E R I G O S O N O W Y D O
S E G U R A N Ç A H C Q E Y
```

AMIGOS
BELEZA
BRAVURA
DESTINO
DIFICULDADE
ENTUSIASMO
EXCURSÃO
ALEGRIA
INCOMUM
ITINERÁRIO

NATUREZA
NAVEGAÇÃO
NOVO
OPORTUNIDADE
PERIGOSO
PREPARAÇÃO
DESAFIOS
SEGURANÇA
VIAGENS

74 - Forme

```
U W P Y A H N P R I S M A G
V J Q O L A D O H D Z E P Y
Ç T X H H A C L I N H A Y B
V U E M L H I Í P M U K R T
U P Ç N T H L G É C A Q Q Z
E L I P S E I O R U C U B O
S C B L P X N N B R A A Q V
F O Í K J I D O O V N D Q A
E N Q R R M R T L A T R W L
R E N V C W O Â E K O A V N
A H K A G U H C M C V D J Z
Y Z F Y R H L D M I Y O H W
P P Q F O C P O Z O D D N E
J R W M N K O I E C J E U N
```

CANTO	LADO
ARCO	LINHA
CÍRCULO	OVAL
CILINDRO	PIRÂMIDE
CONE	POLÍGONO
CUBO	PRISMA
CURVA	QUADRADO
ELIPSE	ESFERA
HIPÉRBOLE	

75 - Oceano

```
P  X  Y  P  W  M  P  O  P  E  Ç  T  Ç  E
O  S  T  R  A  X  B  S  Ç  H  B  F  R  N
L  A  M  V  C  O  R  A  L  J  N  I  X  G
V  L  P  M  A  R  É  S  L  Ç  G  Z  G  U
O  T  X  F  D  F  C  W  P  E  I  X  E  I
T  C  A  M  A  R  Ã  O  Z  I  I  U  J  A
U  M  G  R  R  E  C  I  F  E  R  A  L  S
B  F  E  K  T  E  M  P  E  S  T  A  D  E
A  Ç  H  D  B  A  R  C  O  N  D  A  S  H
R  W  L  V  U  B  R  Y  V  C  H  E  V  K
Ã  X  F  G  J  S  Z  U  P  N  T  M  G  Y
O  U  A  C  A  R  A  N  G  U  E  J  O  B
Z  G  O  L  F  I  N  H  O  A  T  U  M  Z
I  X  P  B  B  E  S  P  O  N  J  A  Q  K
```

ENGUIA	OSTRA
BALEIA	PEIXE
BARCO	POLVO
CORAL	SAL
GOLFINHO	RECIFE
CAMARÃO	ESPONJA
CARANGUEJO	TUBARÃO
MARÉS	TARTARUGA
MEDUSA	TEMPESTADE
ONDAS	ATUM

76 - Famiglia

```
P  A  I  W  D  C  F  J  K  C  E  P  M  N
U  V  X  F  D  C  R  I  A  N  Ç  A  V  Ó
M  Ô  U  B  O  G  G  I  L  N  F  T  D  Ç
C  R  I  A  N  Ç  A  S  R  H  X  E  H  O
I  N  F  Â  N  C  I  A  O  M  A  R  C  R
N  E  T  O  O  L  G  L  Q  F  Ã  N  K  F
M  A  T  E  R  N  O  Ç  E  S  P  O  S  A
Z  A  T  I  O  T  N  P  C  Z  N  M  Ã  E
Y  S  R  G  C  I  R  M  Ã  O  V  N  N  S
Ç  D  H  I  F  A  Z  R  K  J  B  Y  Q  P
K  C  E  M  D  P  Ç  F  I  W  K  C  T  R
Ç  Ç  V  X  S  O  B  R  I  N  H  O  I  I
A  N  T  E  P  A  S  S  A  D  O  F  V  M
V  I  T  K  I  P  E  A  C  N  S  I  Ç  O
```

ANTEPASSADO	ESPOSA
CRIANÇAS	SOBRINHO
CRIANÇA	NETO
PRIMO	AVÓ
FILHA	AVÔ
IRMÃO	PAI
INFÂNCIA	PATERNO
MÃE	IRMÃ
MARIDO	TIA
MATERNO	TIO

77 - Veicoli

```
S U B M A R I N O C M B M K
A O Ç G P H F Z Y A E A F W
M F Z I L E S N J R T R R B
B O E O S L T Z Ç R R C X A
U G T Ô N I B U S O Ô O L L
L U Á O G C A R A V A N A S
Â E X A R Ó T P N E U S M A
N T I V K P O R B O B O B S
C E Ç I G T W M A M C Y R N
I Z S Ã V E M E Q T H K E B
A Z V O T R A N S P O R T E
N P C E M O Q U Y N N R A B
B I C I C L E T A G W S V J
C A M I N H Ã O Q H I M E E
```

AVIÃO	MOTOR
AMBULÂNCIA	TRANSPORTE
CARRO	PNEUS
ÔNIBUS	FOGUETE
BARCO	LAMBRETA
BICICLETA	SUBMARINO
CAMINHÃO	TÁXI
CARAVANA	BALSA
HELICÓPTERO	TRATOR
METRÔ	

78 - Emozioni

```
S  Ç  B  Q  K  P  A  Z  K  E  T  T  V  T
C  Ç  P  O  O  I  U  L  G  R  A  T  O  R
A  M  O  R  N  E  F  M  E  K  R  L  Ç  A
L  G  O  T  É  D  I  O  C  G  V  R  D  N
M  E  D  O  F  P  A  Q  J  P  R  M  U  Q
O  C  O  N  T  E  Ú  D  O  N  J  I  C  U
R  R  A  I  V  A  X  O  E  B  N  O  A  I
E  W  K  W  T  O  A  N  I  M  A  D  O  L
L  E  N  V  E  R  G  O  N  H  A  D  O  I
A  H  Q  B  X  T  E  R  N  U  R  A  Y  D
X  V  M  N  K  I  S  I  M  P  A  T  I  A
A  G  X  S  A  T  I  S  F  E  I  T  O  D
D  T  R  I  S  T  E  Z  A  Ç  T  P  F  E
O  M  K  Y  I  N  O  H  Ç  Ç  J  G  I  I
```

AMOR	PAZ
CALMO	MEDO
CONTEÚDO	RAIVA
ANIMADO	RELAXADO
BONDADE	SIMPATIA
ALEGRIA	SATISFEITO
GRATO	TERNURA
ENVERGONHADO	TRANQUILIDADE
TÉDIO	TRISTEZA

79 - Natura

```
S D A N I M A I S R Ç E X H
E E R O S Ã O V M W C R G U
L S T X B S R I F S E A E N
V E W G E W H T L G S P L E
A R R X L V Z A O N E T E V
G T Q Á E W A L R U R R I O
E O H R Z Y Z E E V E O R E
M O N T A N H A S E N P A I
D Y G I S B V G T N O I B R
A C S C L B R K A S G C E O
F C T O I Z V I V C X A L D
F Y S F O L H A G E M L H G
S A N T U Á R I O O T P A O
I I V P D I N Â M I C O S C
```

ANIMAIS

ABELHAS

ÁRTICO

BELEZA

DESERTO

DINÂMICO

EROSÃO

RIO

FOLHAGEM

FLORESTA

GELEIRA

MONTANHAS

NEVOEIRO

NUVENS

ABRIGO

SANTUÁRIO

SELVAGEM

SERENO

TROPICAL

VITAL

80 - Balletto

```
E  X  P  R  E  S  S  I  V  O  B  W  E  E
C  O  R  Q  U  E  S  T  R  A  H  D  E  S
O  V  P  C  R  Q  R  P  L  K  I  J  V  T
R  M  R  A  X  U  M  Ú  K  T  K  W  I  I
E  I  Á  T  G  K  D  B  Z  H  D  S  C  L
O  M  T  H  A  B  I  L  I  D  A  D  E  O
G  Ú  I  M  N  Q  X  I  U  I  N  Ç  I  G
R  S  C  Ú  O  W  E  C  T  T  Ç  S  A  R
A  I  A  S  M  Z  N  O  R  W  A  I  P  A
F  C  G  C  G  E  S  T  O  C  R  D  L  C
I  A  X  U  H  Q  A  Q  C  U  I  I  A  I
A  V  Ç  L  M  M  I  D  F  K  N  U  U  O
F  U  C  O  M  P  O  S  I  T  O  R  S  S
P  J  K  S  M  H  N  Q  Y  R  S  H  O  O
```

HABILIDADE
APLAUSO
DANÇARINOS
COMPOSITOR
COREOGRAFIA
EXPRESSIVO
GESTO
GRACIOSO

MÚSCULOS
MÚSICA
ORQUESTRA
PRÁTICA
ENSAIO
PÚBLICO
RITMO
ESTILO

81 - Castelli

```
A V E N A P R Í N C I P E T
D I N A S T I A V D U A D D
E N O B R E T O R R E L E R
J S A R M A D U R A U Á D E
E P C C F D T A Ç G O C M I
S R A U A O B T K Ã L I H N
P I V X D T R P C O R O A O
A N A M R O A T P A R E D E
D C L B O O F P A T Q R Q D
A E E N V U E M U L Y M H V
Ç S I X E E U I P L E U O P
Ç A R K D F D U E U T Z B M
P F O B S B A U P W H A A N
C A V A L O L I M P É R I O
```

ARMADURA	NOBRE
CATAPULTA	PALÁCIO
CAVALEIRO	PAREDE
CAVALO	PRÍNCIPE
COROA	PRINCESA
DINASTIA	REINO
DRAGÃO	ESCUDO
FEUDAL	ESPADA
FORTALEZA	TORRE
IMPÉRIO	

82 - Campionato

```
M F M M A M D E F A L A D L
C I P E Q U I P E B T S E I
Ç N L D G G U V J T R A S G
D A C A M P E Ã O U E L E A
A L O L M M G I G G I N M V
X I T H H K Z Ç O P N Z P I
T S Q A Y T I C S Z A I E T
B T O R N E I O I C D B N Ó
D A M O T I V A Ç Ã O U H R
C A M P E O N A T O R E O I
R E S I S T Ê N C I A F M A
V S C F K L R O O Q Ç X Q S
E S T R A T É G I A F I P Z
E S P O R T E S C I Y I C P
```

TREINADOR
CAMPEONATO
CAMPEÃO
FINALISTA
JOGOS
JUIZ
LIGA
MEDALHA

MOTIVAÇÃO
DESEMPENHO
RESISTÊNCIA
ESPORTES
EQUIPE
ESTRATÉGIA
TORNEIO
VITÓRIA

83 - Foresta Pluviale

```
R E S T A U R A Ç Ã O Z C C
Z O A M A N F Í B I O S L O
D N N A T U R E Z A X V I M
Y B M M R E S P E I T O M U
X O V Í S E L V A I W Y A N
T Y X F V A L I O S O U S I
J S D E S P É C I E S P R D
S O B R E V I V Ê N C I A A
M H R O E B M N U V E N S D
Z R N S T F H S O W M A Ç E
E E Z B W D Ú Y F G U W U A
I N S E T O S G C D S V Q B
I N D Í G E N A I B G K Ç Ç
B O T Â N I C O S O O Y Y V
```

ANFÍBIOS
BOTÂNICO
CLIMA
COMUNIDADE
SELVA
INDÍGENA
INSETOS
MAMÍFEROS
MUSGO

NATUREZA
NUVENS
VALIOSO
RESTAURAÇÃO
REFÚGIO
RESPEITO
SOBREVIVÊNCIA
ESPÉCIES

84 - Edifici

```
A  H  C  M  S  O  H  Q  O  N  X  Z  E  J
L  C  I  P  U  B  O  G  T  T  K  W  S  X
B  I  N  R  P  S  T  O  R  R  E  Ç  T  N
E  M  E  S  E  E  E  M  C  D  S  N  Á  R
R  E  M  X  R  R  L  U  A  F  C  Y  D  O
G  M  A  L  M  V  N  R  S  Á  O  G  I  A
U  B  J  C  E  A  B  T  T  B  L  W  O  N
E  A  S  T  R  T  P  C  E  R  A  Z  X  R
I  I  N  E  C  Ó  V  K  L  I  X  Y  J  E
A  X  Ç  A  A  R  I  Ç  O  C  R  L  L  G
O  A  O  T  D  I  C  E  C  A  B  I  N  E
X  D  Z  R  O  O  C  E  L  E  I  R  O  A
L  A  B  O  R  A  T  Ó  R  I  O  B  V  B
Q  F  Q  A  P  A  R  T  A  M  E  N  T  O
```

EMBAIXADA	MUSEU
APARTAMENTO	OBSERVATÓRIO
CABINE	ALBERGUE
CASTELO	ESCOLA
CINEMA	ESTÁDIO
FÁBRICA	SUPERMERCADO
CELEIRO	TEATRO
HOTEL	TENDA
LABORATÓRIO	TORRE

85 - Paesi #2

```
B  D  Ç  R  Ú  S  S  I  A  S  E  T  H  U
G  D  I  N  A  M  A  R  C  A  Ç  L  R  A
R  M  L  U  L  M  J  N  U  H  Z  P  A  T
É  Z  B  H  A  I  T  I  X  I  Q  Ç  L  I
C  H  M  E  Y  E  B  G  U  A  X  A  B  R
I  I  G  S  A  R  M  É  X  I  C  O  Â  L
A  N  N  U  N  P  G  R  R  S  D  Q  N  A
F  W  F  D  K  E  T  I  V  I  U  U  I  N
J  G  F  Ã  O  Ç  P  A  Z  F  A  C  A  D
V  D  V  O  T  N  C  A  M  S  Í  R  I  A
L  A  O  S  L  X  É  S  L  L  K  Â  C  K
J  A  P  Ã  O  Z  C  S  N  A  R  N  D  Z
W  P  Y  U  U  E  E  T  I  Ó  P  I  A  T
J  A  M  A  I  C  A  C  H  A  I  A  C  P
```

ALBÂNIA	LAOS
DINAMARCA	LIBÉRIA
ETIÓPIA	MÉXICO
JAMAICA	NEPAL
JAPÃO	NIGÉRIA
GRÉCIA	RÚSSIA
HAITI	SÍRIA
INDONÉSIA	SUDÃO
IRLANDA	UCRÂNIA

86 - Tipi di Capelli

```
B  D  B  X  L  B  T  T  P  X  O  T  H  Y
C  A  R  E  C  A  R  R  R  T  C  S  D  J
S  X  A  Z  W  G  A  I  A  K  Z  E  H  L
E  M  N  E  E  A  N  B  T  N  X  O  V  Y
C  M  C  B  U  Ç  N  A  B  Ç  S  O  A
V  A  O  J  S  U  A  V  E  D  Z  A  N  U
T  R  C  T  G  R  S  C  V  L  E  U  D  S
Q  R  I  H  R  T  F  C  I  M  E  D  U  O
L  O  N  G  O  O  P  F  I  N  O  Á  L  J
O  M  Z  G  S  S  R  I  Q  R  Y  V  A  E
I  R  A  V  S  A  E  J  U  T  P  E  D  I
R  G  Y  N  O  S  T  C  Ç  W  O  L  O  V
O  A  I  U  B  C  O  L  O  R  I  P  K  H
E  N  C  A  R  A  C  O  L  A  D  O  W  W
```

PRATA	MARROM
SECO	SUAVE
BRANCO	PRETO
LOIRO	ONDULADO
CURTO	ENCARACOLADO
CARECA	CACHOS
COLORI	SAUDÁVEL
CINZA	FINO
TRANÇADO	GROSSO
LONGO	TRANÇAS

87 - Vestiti

```
C  D  B  O  C  C  U  O  L  S  C  T  P  F
J  A  Q  U  E  T  A  O  E  A  A  B  U  F
S  W  L  R  N  I  F  M  N  P  M  S  J  K
O  V  A  Ç  K  S  L  Y  Ç  A  I  U  E  C
C  P  V  W  A  A  V  U  O  T  S  É  A  M
O  I  E  D  G  N  C  V  V  O  A  T  N  G
L  J  N  R  Y  D  L  J  X  A  G  E  S  C
A  A  T  T  Ç  Á  M  O  D  A  S  R  V  H
R  M  A  S  O  L  B  L  U  S  A  P  E  A
X  A  L  A  J  I  C  A  S  A  C  O  S  P
L  G  T  I  Q  A  P  B  V  M  A  H  T  É
E  R  C  A  M  S  M  Ç  L  W  A  J  I  U
P  U  L  S  E  I  R  A  F  J  J  D  D  I
K  K  F  P  V  F  H  J  S  Ç  N  D  O  A
```

VESTIDO	AVENTAL
PULSEIRA	LUVAS
BLUSA	JEANS
CAMISA	SUÉTER
CHAPÉU	MODA
CASACO	CALÇA
CINTO	PIJAMA
COLAR	SANDÁLIAS
JAQUETA	SAPATO
SAIA	LENÇO

88 - Attività e Tempo Libero

```
N A T A Ç Ã O D D B P U N N
C A M I N H A D A O Y X Z M
S L Q V J R E L A X A N T E
Ç B L I A T Ç P U E X Y J E
B M P A R S Ê P I N T U R A
A E B G D U O N I A R Z N P
S R P E I R P Y I W F O V E
Q G T M N F L J D S Q N O S
U U X E A E F U T E B O L C
E L Ç J G O D G C K P H E A
T H X Z E O J J K A Q K I C
E O Y O M A L K E V Q G B T
H O B B I E S F T A F S O K
B E I S E B O L E G F U L U
```

ARTE	MERGULHO
BEISEBOL	NATAÇÃO
BASQUETE	VOLEIBOL
BOXE	PESCA
FUTEBOL	PINTURA
CAMINHADA	RELAXANTE
JARDINAGEM	SURFE
GOLFE	TÊNIS
HOBBIES	VIAGEM

89 - Tecnologia

```
D T E V O F R B Y T E S V S
D A D O S N Y Ç L J L P I E
C S O F T W A R E O I T R G
O S M E D V L V R L G N T U
M K E P C C Â M E R A T U R
P B N A H W R H N G O R A A
U J S X Ç C T E L A A W L N
T Y A C U R S O R F J D X Ç
A X G R V Í R U S O A I O A
D P E S Q U I S A N G G X R
O M M K G U O R P T M I T B
R V Q W N K I O N E J T V X
Y U H K R H Q V J R W A J D
I N T E R N E T O P G L C S
```

BLOG
NAVEGADOR
BYTES
COMPUTADOR
CURSOR
DADOS
DIGITAL
ARQUIVO
FONTE

INTERNET
MENSAGEM
PESQUISA
TELA
SEGURANÇA
SOFTWARE
CÂMERA
VIRTUAL
VÍRUS

90 - Arte

```
H  O  C  X  F  W  X  F  H  F  V  C  T  C
O  P  R  O  L  N  Y  L  U  I  E  R  S  O
N  U  E  I  M  D  T  O  M  G  X  I  U  M
E  T  S  S  G  P  N  L  O  U  P  A  R  P
S  P  I  I  S  I  O  W  R  R  R  R  R  L
T  I  M  Y  J  O  N  S  I  A  E  A  E  E
O  N  P  N  J  I  A  A  I  R  S  K  A  X
V  T  L  S  P  T  V  L  L  Ç  S  T  L  O
X  U  E  U  O  G  O  F  M  V  Ã  B  I  F
S  R  S  J  E  K  R  M  S  K  O  O  S  V
V  A  U  E  S  Í  M  B  O  L  O  D  M  E
V  S  U  I  I  N  S  P  I  R  A  D  O  Y
C  H  W  T  A  E  S  C  U  L  T  U  R  A
L  E  T  O  R  E  T  R  A  T  A  R  H  S
```

COMPLEXO	PESSOAL
COMPOSIÇÃO	POESIA
CRIAR	RETRATAR
PINTURAS	ESCULTURA
EXPRESSÃO	SIMPLES
FIGURA	SÍMBOLO
INSPIRADO	SUJEITO
HONESTO	SURREALISMO
ORIGINAL	HUMOR

91 - Meteo

```
H  Y  T  W  G  S  A  R  C  O  Í  R  I  S
U  T  R  O  P  I  C  A  L  Z  A  E  Ç  Ç
F  B  R  X  R  J  E  W  T  R  O  V  Ã  O
N  A  S  N  R  N  G  B  B  E  N  F  P  A
J  A  S  E  C  O  A  K  H  L  Ç  C  C  T
N  L  E  V  C  É  U  D  O  Â  L  Ç  N  M
M  C  P  O  L  A  R  K  O  M  T  C  K  O
D  B  G  E  L  O  Q  N  Y  P  N  H  Z  S
M  S  A  I  V  I  F  U  R  A  C  Ã  O  F
C  O  M  R  X  O  I  V  Y  G  M  B  Y  E
L  Ç  N  O  J  T  P  E  N  O  X  L  B  R
I  H  D  Ç  O  W  F  M  B  R  I  S  A  A
M  I  X  D  Ã  U  D  K  M  Q  S  U  N  P
A  I  V  Z  V  O  C  M  K  I  T  U  O  I
```

ARCO-ÍRIS
SECO
ATMOSFERA
BRISA
CÉU
CLIMA
RELÂMPAGO
GELO
MONÇÃO

NEVOEIRO
NUVEM
POLAR
SECA
TORNADO
TROPICAL
TROVÃO
FURACÃO

92 - Corpo Umano

```
P E R N A V K Ç G X R G P Z
I E Q G Q S D P S U O Z E H
K Z L B Ç C R C T Y S C S J
G Q U E I X O A O Y T A C O
E S T Ô M A G O R R O B O E
S Y Ç Ç U B D Z N R A E Ç L
N A B O C A N J O I F Ç O H
A O N Ç Y O G A Z C K A Ã O
R R E G M Ã O D E D O F I O
I E A O U A W V L T G U I M
Z L H L D E J Z O I N V V B
Z H Y H C É R E B R O H I R
O A C O T O V E L O V J E O
E Q V G O U Z B E W Ç L X U
```

BOCA
TORNOZELO
CÉREBRO
PESCOÇO
CORAÇÃO
DEDO
ROSTO
PERNA
JOELHO
COTOVELO

MÃO
QUEIXO
NARIZ
OLHO
ORELHA
PELE
SANGUE
OMBRO
ESTÔMAGO
CABEÇA

93 - Mammiferi

```
U V Y T X G G U C Ç Z H O E
S V Q O M B C O E L H O V Y
M U R U D X A O V S C Ç E O
A K S R J B N C Ã O V R L W
C H E O S A G O L F I N H O
A I G A J L U I Z E B R A H
C M O I D E R O Ç N Ã T L A
O Ç R U R I U T C S L O N Y
V K I F B A V E A D O M O V
P U L P Y I F Ç V X G H Ç H
F R A P O S A A A F Y A D X
Q S G W X Ç F L L O B O T W
E O Y V X R X Z O L Z B G O
E L E F A N T E R P Y E O B
```

BALEIA	GIRAFA
CÃO	GORILA
CANGURU	LEÃO
CAVALO	LOBO
VEADO	URSO
COELHO	OVELHA
COIOTE	MACACO
GOLFINHO	TOURO
ELEFANTE	RAPOSA
GATO	ZEBRA

94 - Arrampicata

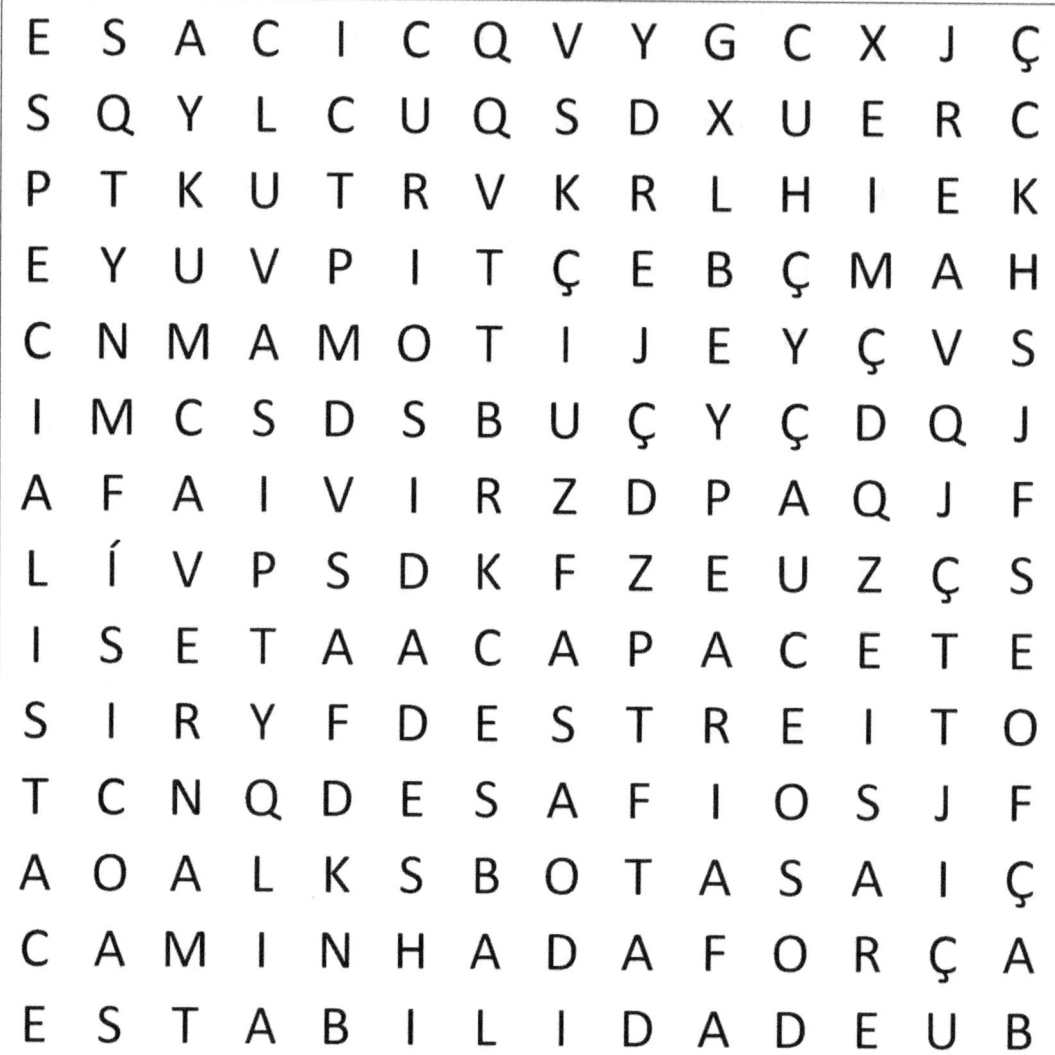

```
E  S  A  C  I  C  Q  V  Y  G  C  X  J  Ç
S  Q  Y  L  C  U  Q  S  D  X  U  E  R  C
P  T  K  U  T  R  V  K  R  L  H  I  E  K
E  Y  U  V  P  I  T  Ç  E  B  Ç  M  A  H
C  N  M  A  M  O  T  I  J  E  Y  Ç  V  S
I  M  C  S  D  S  B  U  Ç  Y  Ç  D  Q  J
A  F  A  I  V  I  R  Z  D  P  A  Q  J  F
L  Í  V  P  S  D  K  F  Z  E  U  Z  Ç  S
I  S  E  T  A  A  C  A  P  A  C  E  T  E
S  I  R  Y  F  D  E  S  T  R  E  I  T  O
T  C  N  Q  D  E  S  A  F  I  O  S  J  F
A  O  A  L  K  S  B  O  T  A  S  A  I  Ç
C  A  M  I  N  H  A  D  A  F  O  R  Ç  A
E  S  T  A  B  I  L  I  D  A  D  E  U  B
```

ALTITUDE
CAPACETE
CURIOSIDADE
CAMINHADA
ESPECIALISTA
FÍSICO
FORÇA
CAVERNA

LUVAS
GUIAS
MAPA
DESAFIOS
ESTABILIDADE
BOTAS
ESTREITO

95 - Animali Domestici

```
P E I X E C J Ç W G N O D C
V A C A S Ã G A B Ç V J P T
Q I P K Z O F X S K O L N A
I E H A M S T E R V K J C R
R L C Ç G A T I N H O V A T
J I Y L I A V W Q S L D U A
C L D Y A C I L Á Y X F D R
Y Y E W A G G O I G A R A U
M O U S E A A H L R U C T G
Q T D P A T R R K J G A W A
C O E L H O R H T O K B M I
H T D Z I C A C H O R R O L
H L S D O D S K A I L A E I
C O L A R I N H O A V N O A
```

ÁGUA	GATINHO
GARRAS	GATO
CÃO	LAGARTO
CABRA	VACA
CAUDA	PAPAGAIO
COLARINHO	PEIXE
COELHO	TARTARUGA
HAMSTER	MOUSE
CACHORRO	

96 - Cucina

```
C O L H E R E S P J A C T L
J G A R F O S V L O V H I X
V A F A C A S O R R E A G X
Z E R I S F O R N O N L E E
A H S R K X M G O V T E L V
V C W P O A C U P S A I A B
E R E C E I T A M Ç L R E G
F S Q I G C K R X Y W A G R
R Ç P C I S I D Z M E Z C E
E B U O G E L A D E I R A L
E K R N N J N N R R W L P H
Z Y E C Ç J F A M I I K C A
E K J H L G A P R T A F N P
R E B A L Q C O M E R S W J
```

CHALEIRA
JARRO
TIGELA
FACAS
FREEZER
COLHERES
GARFOS
FORNO
GELADEIRA

AVENTAL
GRELHA
COMER
CONCHA
RECEITA
ESPECIARIAS
ESPONJA
CUPS
GUARDANAPO

97 - Vacanze #2

```
A P E T R D H T R F F E T A
M C R E E L A Z E R E S Á E
A C A A N N Q C S V R T X R
P Q I M I B D Ç T I I R I O
A C X C P A Q A A S A A Ç P
Q M T C H A B J U T D N Q O
V I A G E M M A R O O G F R
Z L I M L Ç N E A X W E O T
D H G D E S T I N O M I T O
H A Y B G I Y X T T T R O H
L B G P L U G C E W O O S O
T R A N S P O R T E O K A T
E D N M O N T A N H A S S E
P A S S A P O R T E C J F L
```

AEROPORTO
ACAMPAMENTO
DESTINO
FOTOS
HOTEL
ILHA
MAPA
MAR
MONTANHAS
PASSAPORTE

RESTAURANTE
PRAIA
ESTRANGEIRO
TÁXI
LAZER
TENDA
TRANSPORTE
FERIADO
VIAGEM
VISTO

98 - Attività

```
J O G O S Q M U U K S P K H
D A R T E S A N A T O E I A
M T R K L O M S C J R S V B
A I Z D P A E B A Z D C F I
G V D D I Ç Z U C S I A O L
I I G Q N N G E A O A S T I
A D R N T H A O R J H U O D
M A K X U T G G R L J Q G A
E D Q M R A R L E N D O R D
N E U I A C E R Â M I C A E
C A M I N H A D A C Y R F R
N P Ç S N U P R A Z E R I I
E X F V S I R C T N I W A P
T Ç F Z I N T E R E S S E S
```

HABILIDADE
ARTE
ARTESANATO
ATIVIDADE
CACA
CERÂMICA
CAMINHADA
FOTOGRAFIA
JARDINAGEM

JOGOS
INTERESSES
LENDO
MAGIA
PESCA
PRAZER
PINTURA
LAZER

99 - Forniture Artistiche

```
M C O R E S R G C C J Ç F X
E Â M Ç E M W H Y A I E R A
S M A P A G A D O R R D K Ç
A E A P M H P V E L O V M M
C R I A T I V I D A D E Ã J
W A P P I Ç G C N L N Q W O
Á Q A E S C O V A S Á I I M
G U S L T I N T A D B P V F
U A T X T E K B N A E M I T
A R E D I K O Ó P R G I C S
O E L S N C O L A G N W R E
W L S Z T Y J E Ç I Ç B T A
V A M Q A R F O L L Ç J N A
Ç S J K S A C A V A L E T E
```

ÁGUA
AQUARELAS
ARGILA
CARVÃO
PAPEL
CAVALETE
COLA
CORES
CRIATIVIDADE
APAGADOR

TINTA
LÁPIS
ÓLEO
PASTELS
CADEIRA
ESCOVAS
MESA
CÂMERA
TINTAS

100 - Misurazioni

```
N  A  W  C  K  D  H  D  J  B  M  G  P  I
E  A  L  C  R  K  E  X  S  Y  E  R  R  C
R  Z  I  T  Ç  Ç  V  C  M  T  T  A  O  Q
X  I  T  P  U  X  H  K  I  E  R  M  F  U
L  A  R  G  U  R  A  U  N  M  O  A  U  I
V  J  O  O  Z  F  A  J  U  D  A  W  N  L
P  E  S  O  M  Y  E  S  T  Q  N  L  D  O
T  O  N  E  L  A  D  A  O  L  I  Y  I  G
Q  U  I  L  Ô  M  E  T  R  O  U  T  D  R
C  O  M  P  R  I  M  E  N  T  O  Y  A  A
N  L  P  O  L  E  G  A  D  A  M  O  D  M
V  O  L  U  M  E  R  X  S  O  M  N  E  A
F  J  X  W  D  A  A  C  Q  S  K  Ç  G  G
J  Z  O  G  G  K  U  L  L  Y  A  A  G  F
```

ALTURA	MASSA
BYTE	METRO
QUILOGRAMA	MINUTO
QUILÔMETRO	ONÇA
DECIMAL	PESO
GRAU	POLEGADA
GRAMA	PROFUNDIDADE
LARGURA	TONELADA
LITRO	VOLUME
COMPRIMENTO	

1 - Scacchi

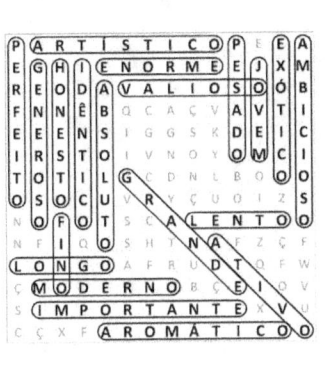

2 - Aggettivi #2

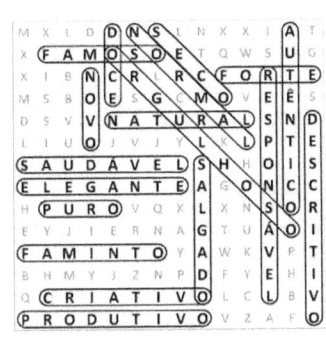

3 - Pesca

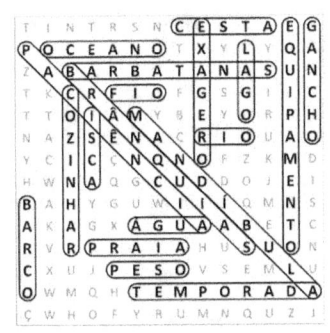

4 - Aggettivi #1

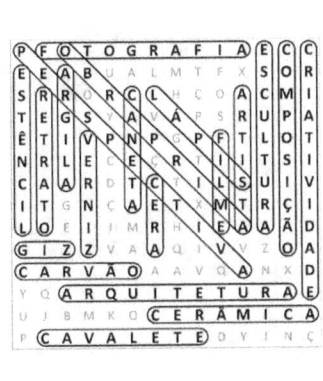

5 - Geologia

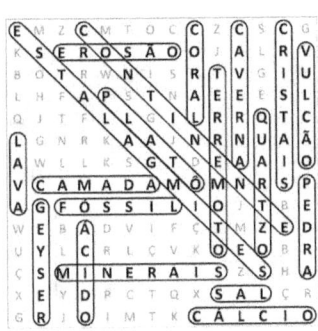

6 - Campeggio

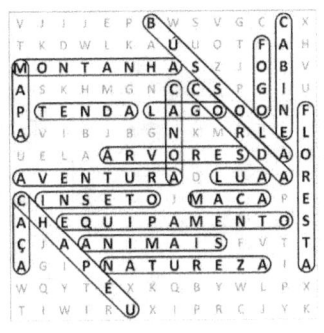

7 - Arti Visive

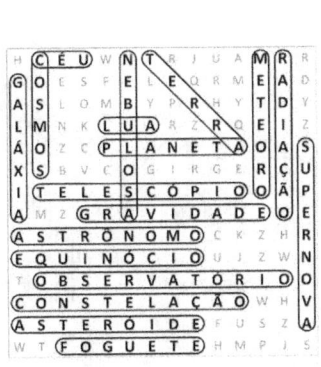

8 - Esplorazione

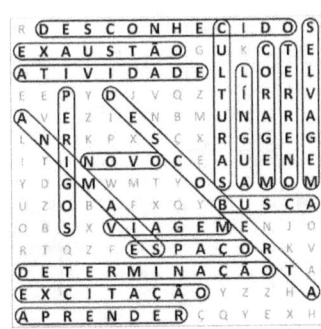

9 - Tempo

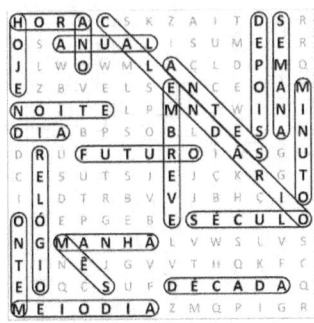

10 - Astronomia

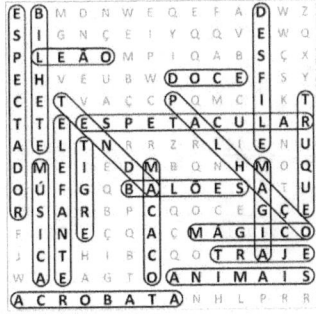

11 - Circo

12 - Mitologia

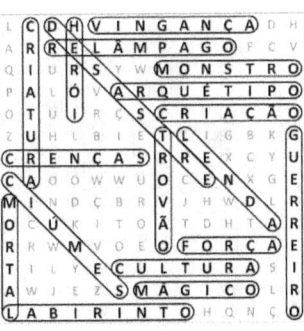

13 - Piante

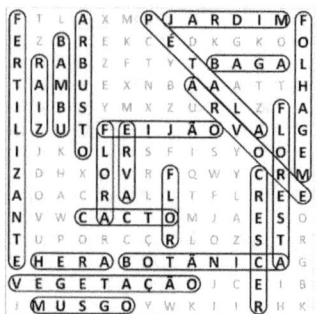

14 - Spezie

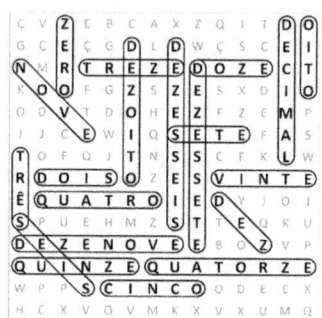

15 - Numeri

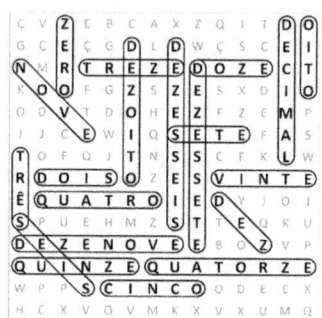

16 - Cioccolato

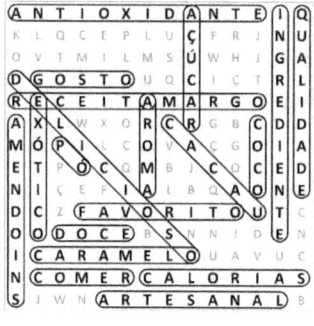

17 - Guida

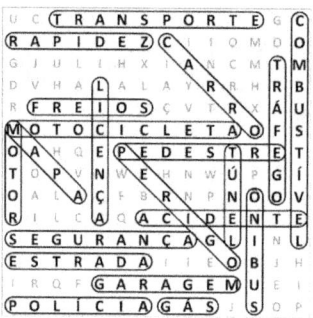

18 - Sport

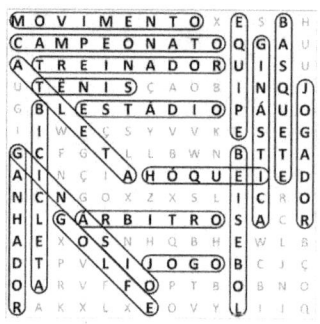

19 - Giocattoli

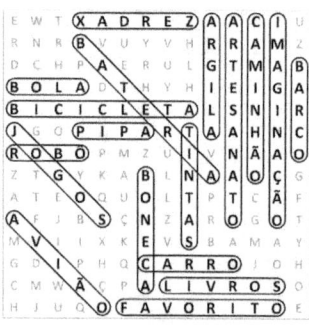

20 - Strumenti di Cottura

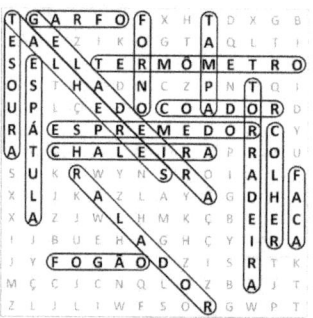

21 - Uccelli

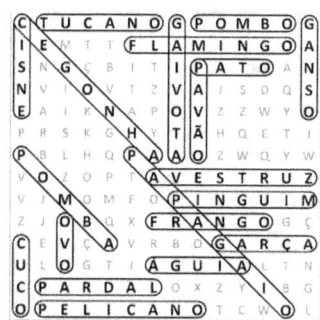

22 - Giorni e Mesi

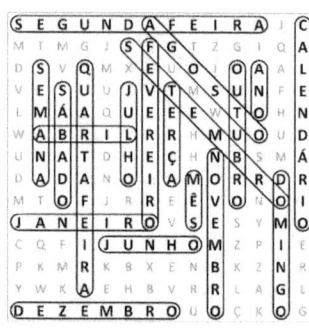

23 - Casa

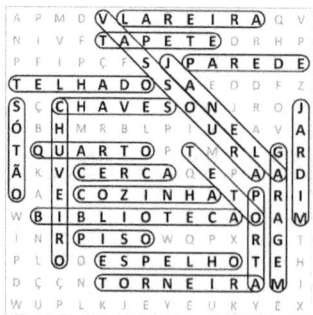

24 - Ristorante #1

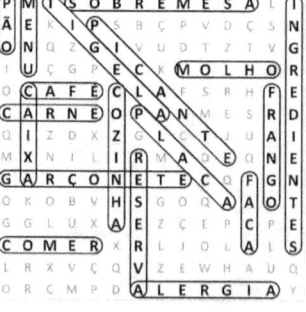

25 - Fantascienza

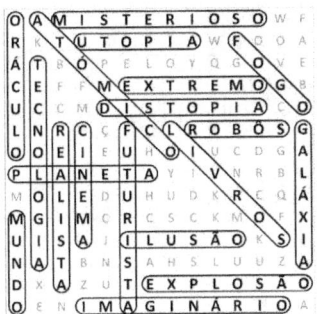

26 - Città

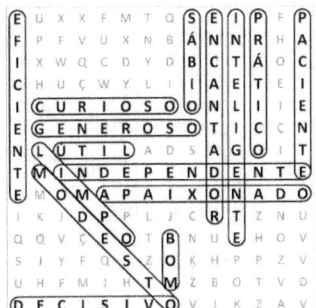

27 - Virtù #1

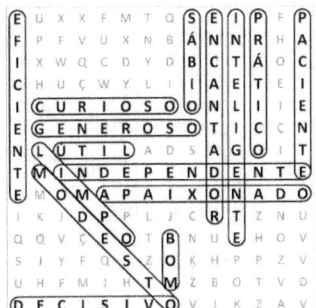

28 - Compleanno

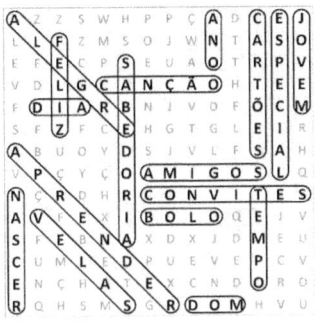

29 - Fattoria #1

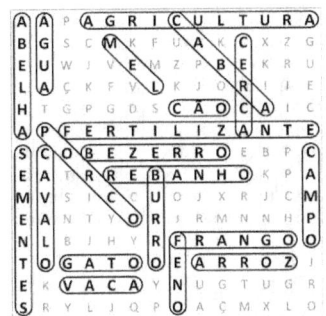

30 - Paesaggi

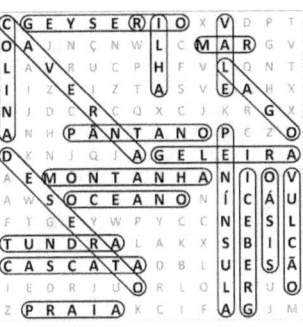

31 - Ristorante #2

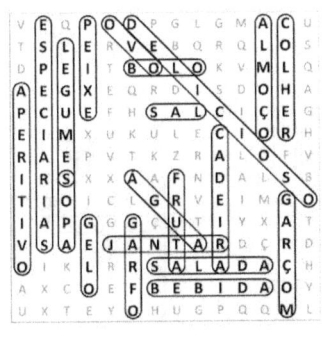

32 - Giardino

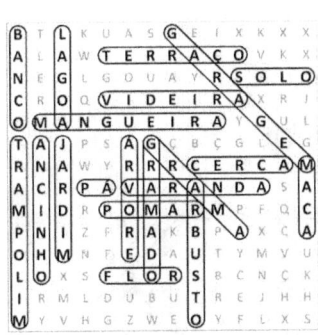

33 - Frutta

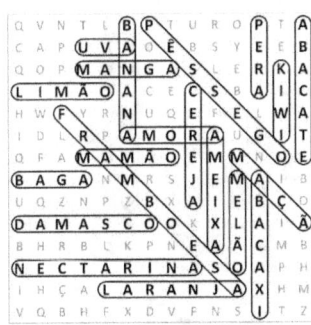

34 - Fattoria #2

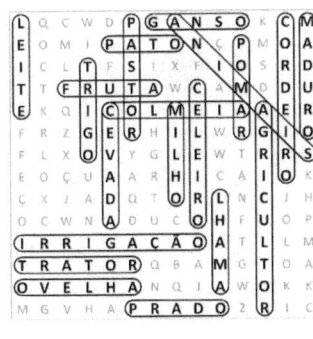

35 - Dinosauri

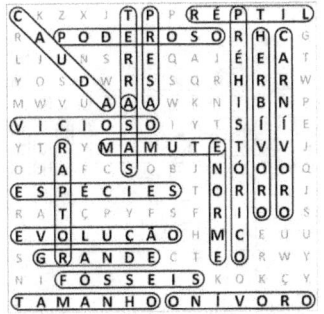

36 - Verdure

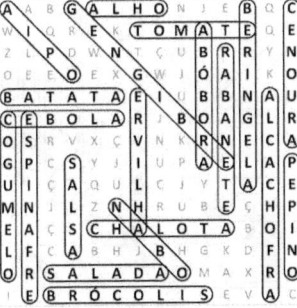

37 - Scuola #2

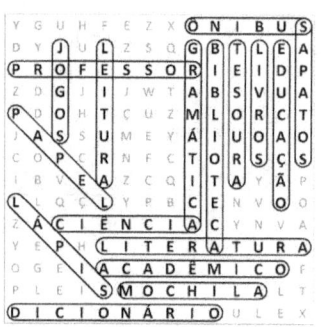

38 - Barbecue

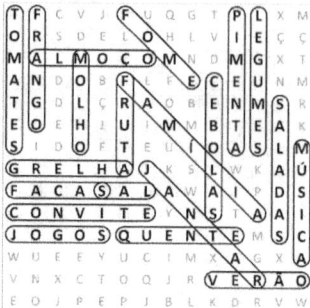

39 - Riempire

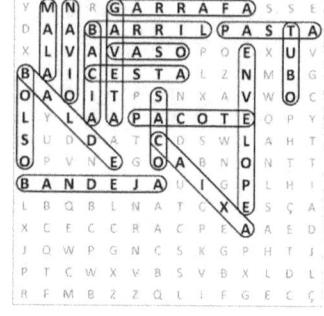

40 - Insetti

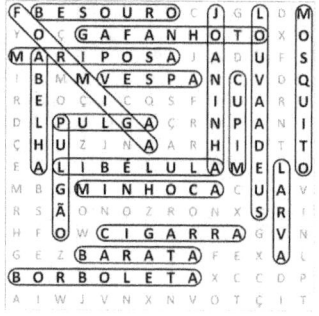

41 - Erboristeria

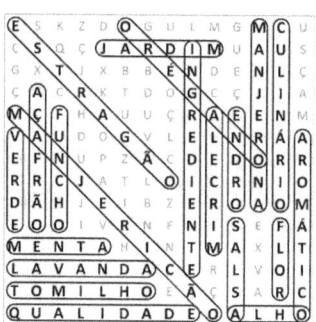

42 - Danza

43 - Scuola #1

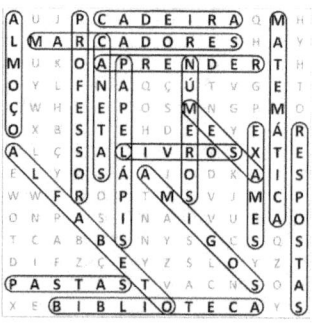

44 - Fiori

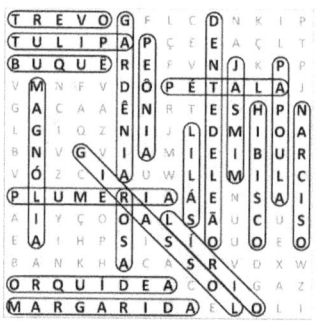

45 - Ecologia

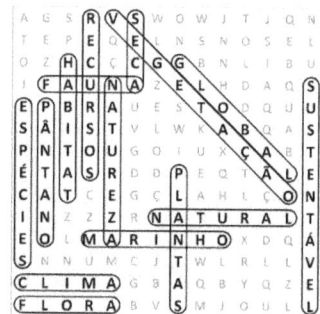

46 - Discipline Scientifiche

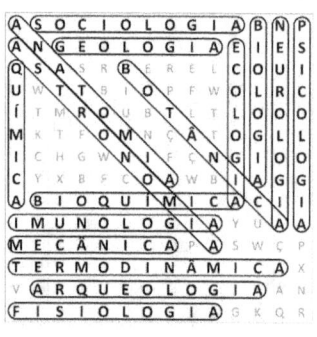

47 - Scienza

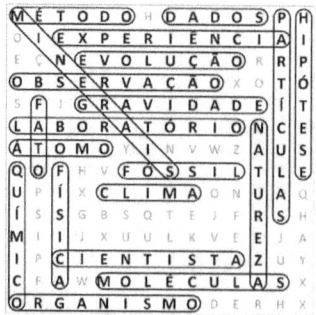

48 - Acqua

49 - Gatti

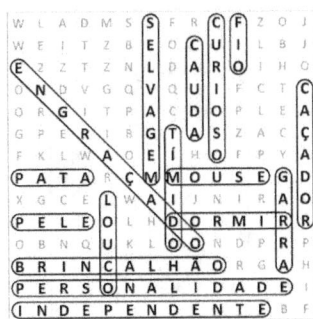

50 - Imbarcazioni

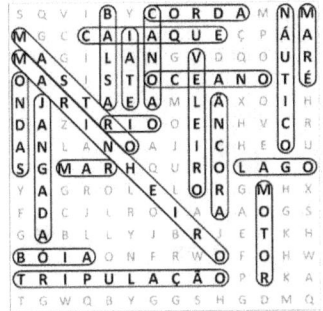

51 - Api

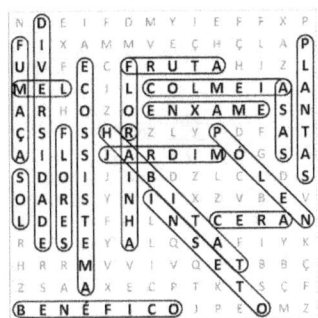

52 - Conservazione

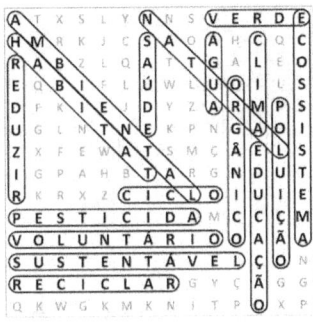

53 - Strumenti Musicali

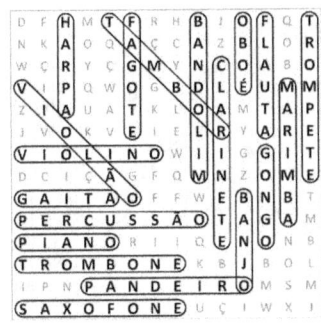

54 - Professioni #2

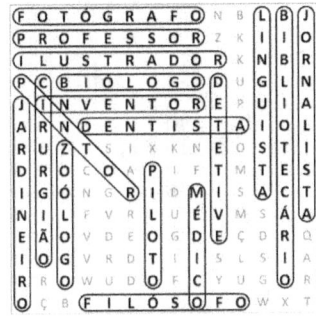

55 - Letteratura

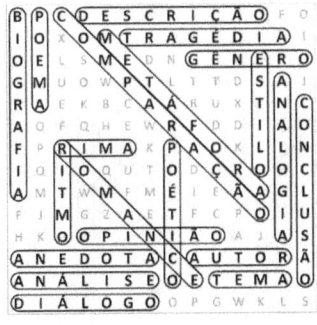

56 - Cibo #2

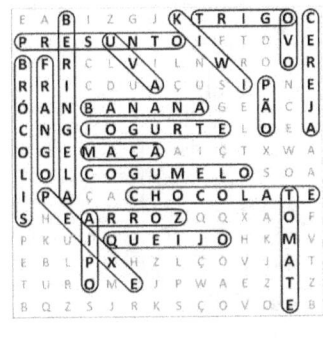

57 - Nutrizione

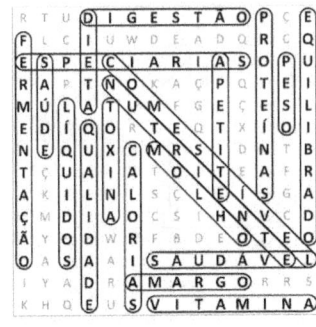

58 - Matematica

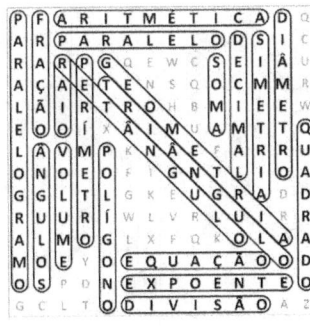

59 - Bagno

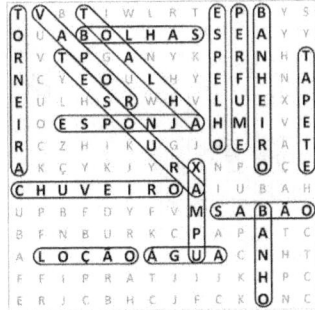

60 - Meditazione

61 - Estate

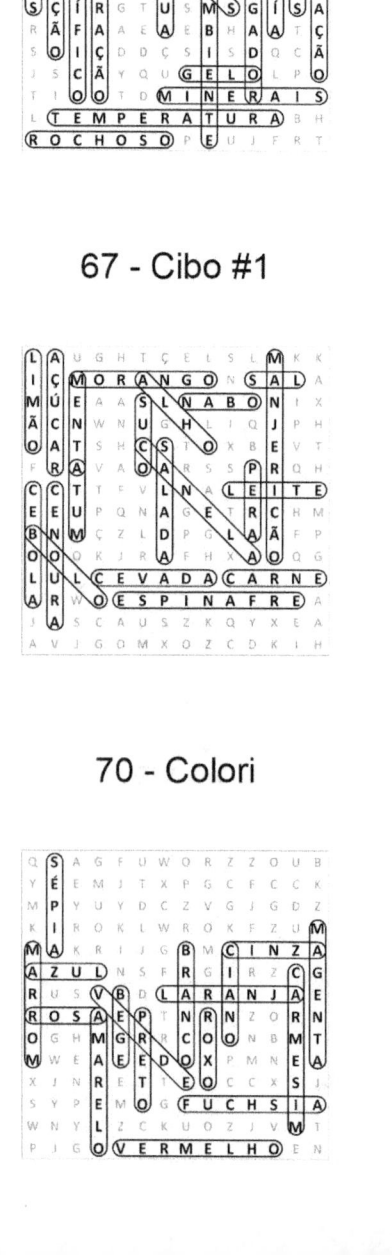

62 - Escursionismo

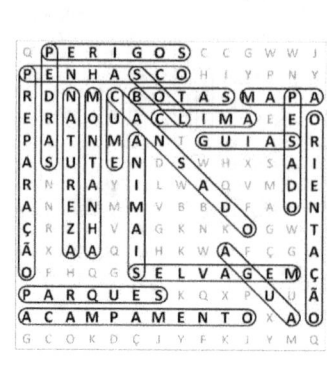

63 - Professioni #1

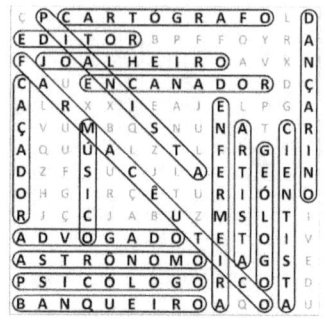

64 - Antartide

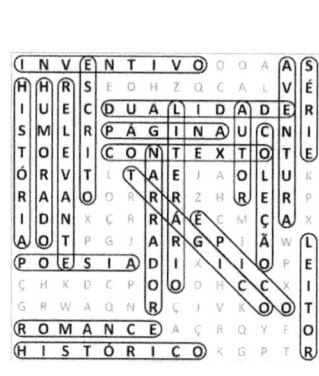

65 - Libri

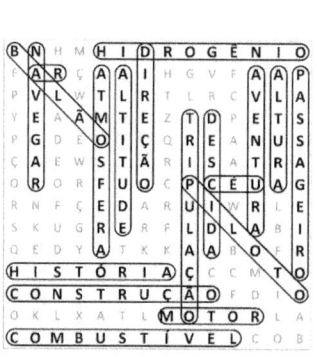

66 - Geografia

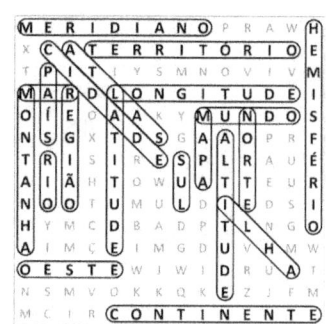

67 - Cibo #1

68 - Aeroplani

69 - Pirati

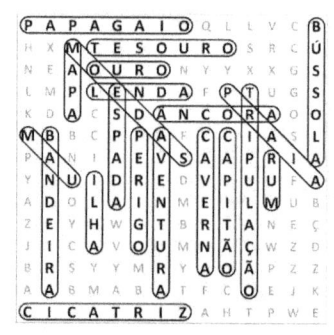

70 - Colori

71 - Suoni

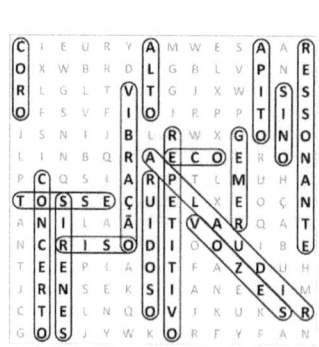

72 - Spiaggia

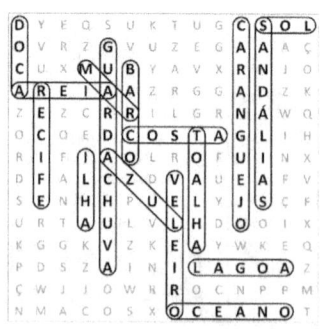

73 - Avventura

74 - Forme

75 - Oceano

76 - Famiglia

77 - Veicoli

78 - Emozioni

79 - Natura

80 - Balletto

81 - Castelli

82 - Campionato

83 - Foresta Pluviale

84 - Edifici

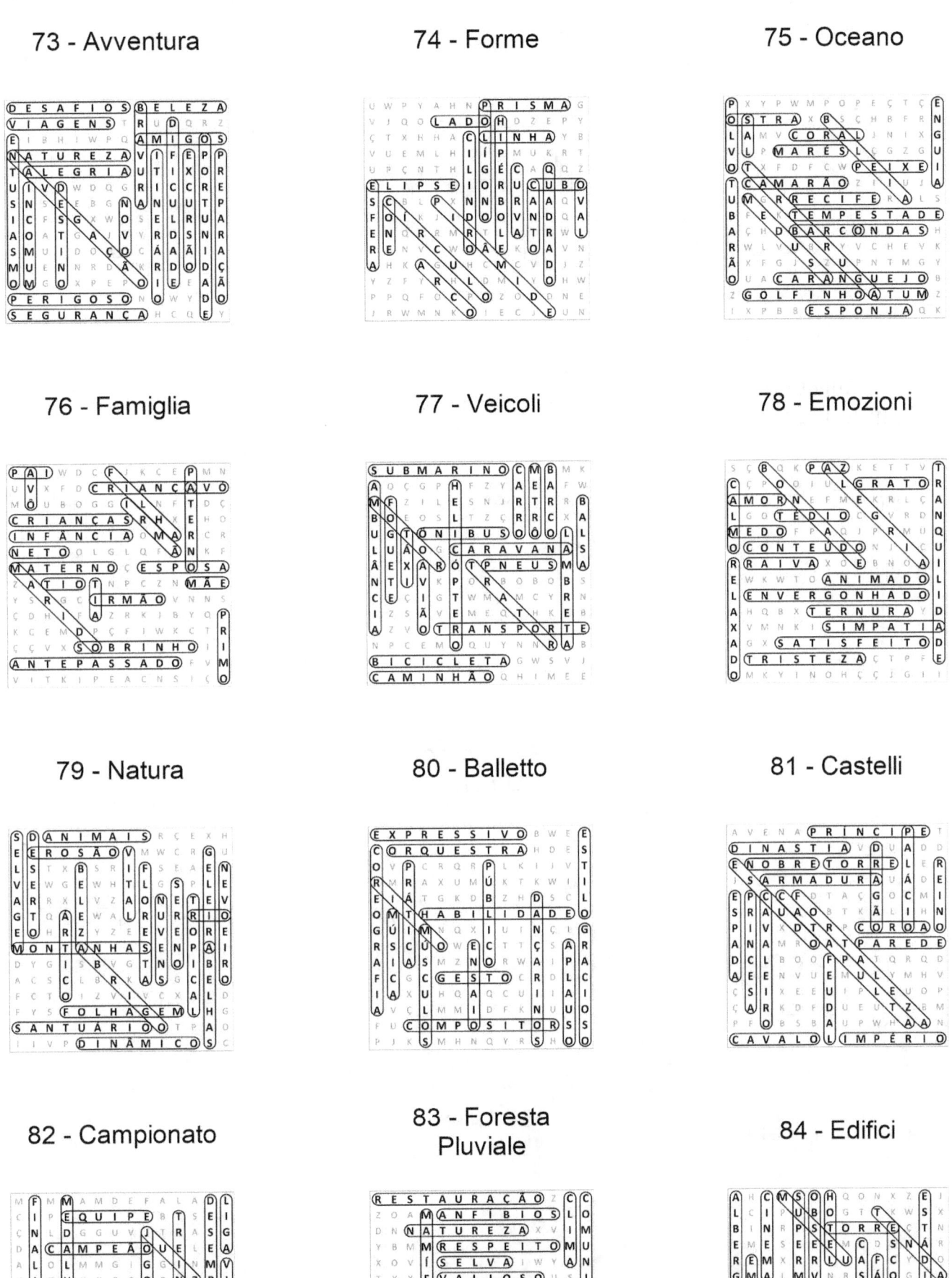

85 - Paesi #2

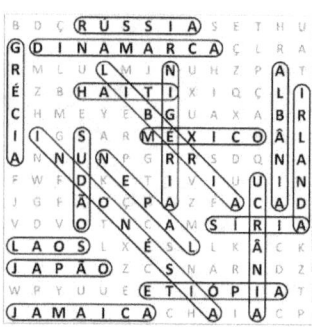

86 - Tipi di Capelli

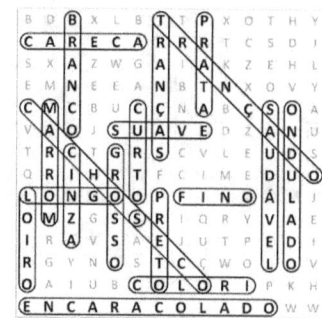

87 - Vestiti

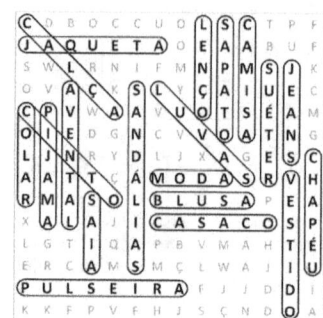

88 - Attività e Tempo Libero

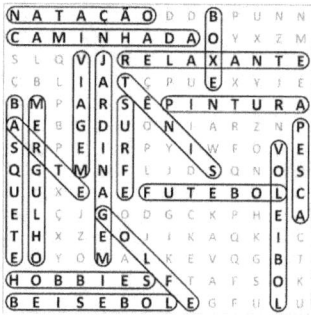

89 - Tecnologia

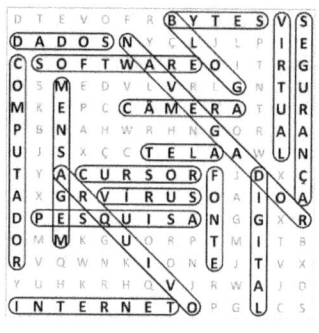

90 - Arte

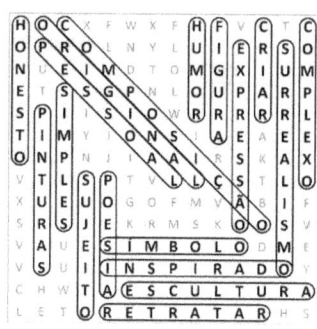

91 - Meteo

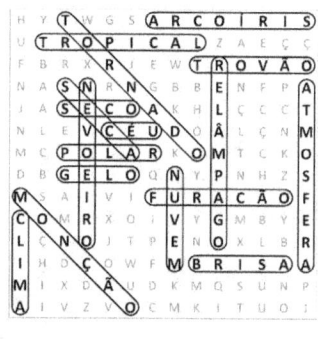

92 - Corpo Umano

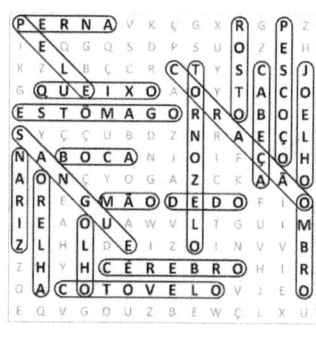

93 - Mammiferi

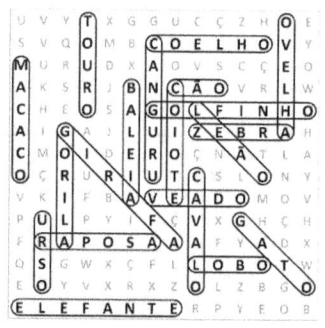

94 - Arrampicata

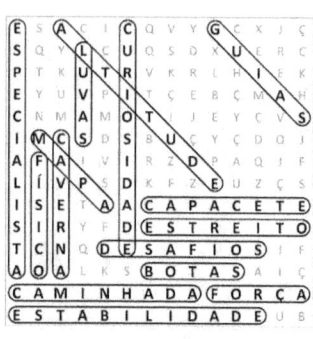

95 - Animali Domestici

96 - Cucina

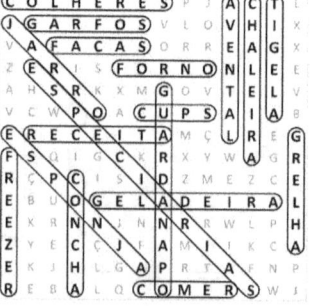

97 - Vacanze #2

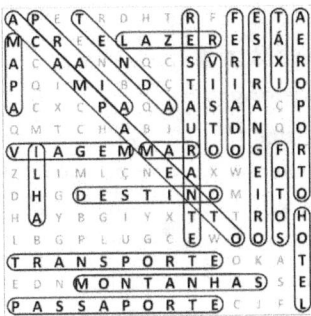

98 - Attività

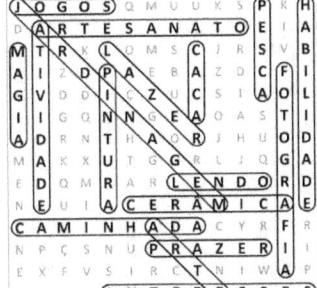

99 - Forniture Artistiche

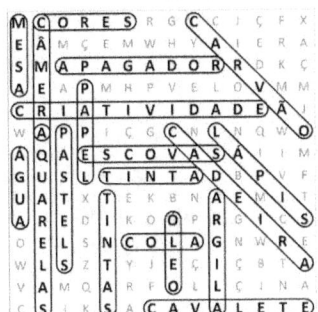

100 - Misurazioni

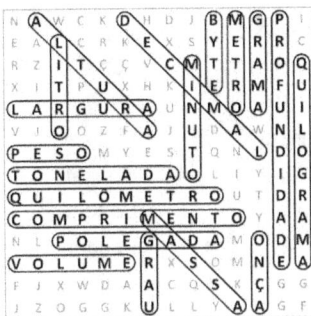

Dizionario

Acqua
Água

Alluvione	Inundação
Canale	Canal
Doccia	Chuveiro
Evaporazione	Evaporação
Fiume	Rio
Gelo	Geada
Geyser	Geyser
Ghiaccio	Gelo
Irrigazione	Irrigação
Lago	Lago
Monsone	Monção
Neve	Neve
Oceano	Oceano
Onde	Ondas
Pioggia	Chuva
Potabile	Potável
Umidità	Umidade
Uragano	Furacão
Vapore	Vapor

Aeroplani
Aviões

Altezza	Altura
Altitudine	Altitude
Aria	Ar
Atmosfera	Atmosfera
Atterraggio	Aterrissagem
Avventura	Aventura
Carburante	Combustível
Cielo	Céu
Costruzione	Construção
Direzione	Direção
Discesa	Descida
Equipaggio	Tripulação
Idrogeno	Hidrogênio
Motore	Motor
Navigare	Navegar
Palloncino	Balão
Passeggero	Passageiro
Pilota	Piloto
Storia	História
Turbolenza	Turbulência

Aggettivi #1
Adjetivos #1

Ambizioso	Ambicioso
Aromatico	Aromático
Artistico	Artístico
Assoluto	Absoluto
Attivo	Ativo
Enorme	Enorme
Esotico	Exótico
Generoso	Generoso
Giovane	Jovem
Grande	Grande
Identico	Idêntico
Importante	Importante
Lento	Lento
Lungo	Longo
Moderno	Moderno
Onesto	Honesto
Perfetto	Perfeito
Pesante	Pesado
Prezioso	Valioso
Sottile	Fino

Aggettivi #2
Adjetivos #2

Affamato	Faminto
Asciutto	Seco
Autentico	Autêntico
Creativo	Criativo
Descrittivo	Descritivo
Dolce	Doce
Drammatico	Dramático
Elegante	Elegante
Famoso	Famoso
Forte	Forte
Interessante	Interessante
Naturale	Natural
Normale	Normal
Nuovo	Novo
Orgoglioso	Orgulhoso
Produttivo	Produtivo
Puro	Puro
Responsabile	Responsável
Salato	Salgado
Sano	Saudável

Animali Domestici
Animais de Estimação

Acqua	Água
Artigli	Garras
Cane	Cão
Capra	Cabra
Coda	Cauda
Collare	Colarinho
Coniglio	Coelho
Criceto	Hamster
Cucciolo	Cachorro
Gattino	Gatinho
Gatto	Gato
Lucertola	Lagarto
Mucca	Vaca
Pappagallo	Papagaio
Pesce	Peixe
Tartaruga	Tartaruga
Topo	Mouse
Veterinario	Veterinário

Antartide
Antártica

Acqua	Água
Ambiente	Ambiente
Baia	Baía
Balene	Baleias
Conservazione	Conservação
Continente	Continente
Geografia	Geografia
Ghiacciai	Geleiras
Ghiaccio	Gelo
Isole	Ilhas
Migrazione	Migração
Minerali	Minerais
Nuvole	Nuvens
Penisola	Península
Ricercatore	Investigador
Roccioso	Rochoso
Scientifico	Científico
Spedizione	Expedição
Temperatura	Temperatura
Topografia	Topografia

Api
Abelhas

Ali	Asas
Alveare	Colmeia
Benefico	Benéfico
Cera	Cera
Diversità	Diversidade
Ecosistema	Ecossistema
Fiori	Flores
Fiorire	Flor
Frutta	Fruta
Fumo	Fumaça
Giardino	Jardim
Habitat	Habitat
Insetto	Inseto
Miele	Mel
Piante	Plantas
Polline	Pólen
Regina	Rainha
Sciame	Enxame
Sole	Sol

Arrampicata
Escalada

Altitudine	Altitude
Atmosfera	Atmosfera
Casco	Capacete
Curiosità	Curiosidade
Escursioni	Caminhada
Esperto	Especialista
Fisico	Físico
Forza	Força
Grotta	Caverna
Guanti	Luvas
Guide	Guias
Mappa	Mapa
Sfide	Desafios
Stabilità	Estabilidade
Stivali	Botas
Stretto	Estreito
Terreno	Terreno

Arte
Arte

Ceramica	Cerâmica
Complesso	Complexo
Composizione	Composição
Creare	Criar
Dipinti	Pinturas
Espressione	Expressão
Figura	Figura
Ispirato	Inspirado
Onesto	Honesto
Originale	Original
Personale	Pessoal
Poesia	Poesia
Ritrarre	Retratar
Scultura	Escultura
Semplice	Simples
Simbolo	Símbolo
Soggetto	Sujeito
Surrealismo	Surrealismo
Umore	Humor
Visivo	Visual

Arti Visive
Artes Visuais

Architettura	Arquitetura
Argilla	Argila
Artista	Artista
Capolavoro	Obra-Prima
Carbone	Carvão
Cavalletto	Cavalete
Cera	Cera
Ceramica	Cerâmica
Composizione	Composição
Creatività	Criatividade
Film	Filme
Fotografia	Fotografia
Gesso	Giz
Matita	Lápis
Penna	Caneta
Prospettiva	Perspectiva
Ritratto	Retrato
Scultura	Escultura
Stampino	Estêncil
Vernice	Verniz

Astronomia
Astronomia

Asteroide	Asteróide
Astronauta	Astronauta
Astronomo	Astrônomo
Cielo	Céu
Cosmo	Cosmos
Costellazione	Constelação
Equinozio	Equinócio
Galassia	Galáxia
Gravità	Gravidade
Luna	Lua
Meteora	Meteoro
Nebulosa	Nebulosa
Osservatorio	Observatório
Pianeta	Planeta
Radiazione	Radiação
Razzo	Foguete
Supernova	Supernova
Telescopio	Telescópio
Terra	Terra
Universo	Universo

Attività
Atividades

Abilità	Habilidade
Arte	Arte
Artigianato	Artesanato
Attività	Atividade
Caccia	Caca
Ceramica	Cerâmica
Escursioni	Caminhada
Fotografia	Fotografia
Giardinaggio	Jardinagem
Giochi	Jogos
Interessi	Interesses
Lettura	Lendo
Magia	Magia
Pesca	Pesca
Piacere	Prazer
Pittura	Pintura
Rilassamento	Relaxamento
Tempo Libero	Lazer

Attività e Tempo Libero
Atividades e Lazer

Arte	Arte
Baseball	Beisebol
Basket	Basquete
Boxe	Boxe
Calcio	Futebol
Campeggio	Acampamento
Escursioni	Caminhada
Giardinaggio	Jardinagem
Golf	Golfe
Hobby	Hobbies
Immersione	Mergulho
Nuoto	Natação
Pallavolo	Voleibol
Pesca	Pesca
Pittura	Pintura
Rilassante	Relaxante
Surf	Surfe
Tennis	Tênis
Viaggio	Viagem

Avventura
Aventura

Amici	Amigos
Attività	Atividade
Bellezza	Beleza
Coraggio	Bravura
Destinazione	Destino
Difficoltà	Dificuldade
Entusiasmo	Entusiasmo
Escursione	Excursão
Gioia	Alegria
Insolito	Incomum
Itinerario	Itinerário
Natura	Natureza
Navigazione	Navegação
Nuovo	Novo
Opportunità	Oportunidade
Pericoloso	Perigoso
Preparazione	Preparação
Sfide	Desafios
Sicurezza	Segurança
Viaggi	Viagens

Bagno
Banheiro

Acqua	Água
Asciugamano	Toalha
Bagno	Banho
Bolle	Bolhas
Doccia	Chuveiro
Forbici	Tesoura
Gabinetto	Banheiro
Lozione	Loção
Profumo	Perfume
Rubinetto	Torneira
Sapone	Sabão
Shampoo	Xampu
Specchio	Espelho
Spugna	Esponja
Tappeto	Tapete
Vapore	Vapor

Balletto
Balé

Abilità	Habilidade
Applauso	Aplauso
Artistico	Artístico
Ballerina	Bailarina
Ballerini	Dançarinos
Compositore	Compositor
Coreografia	Coreografia
Espressivo	Expressivo
Gesto	Gesto
Grazioso	Gracioso
Intensità	Intensidade
Muscoli	Músculos
Musica	Música
Orchestra	Orquestra
Pratica	Prática
Prova	Ensaio
Pubblico	Público
Ritmo	Ritmo
Stile	Estilo
Tecnica	Técnica

Barbecue
Churrascos

Caldo	Quente
Cena	Jantar
Cipolle	Cebolas
Coltelli	Facas
Estate	Verão
Fame	Fome
Famiglia	Família
Frutta	Fruta
Giochi	Jogos
Griglia	Grelha
Insalate	Saladas
Invito	Convite
Musica	Música
Pepe	Pimenta
Pollo	Frango
Pomodori	Tomates
Pranzo	Almoço
Sale	Sal
Salsa	Molho
Verdure	Legumes

Campeggio
Acampamento

Alberi	Árvores
Amaca	Maca
Animali	Animais
Attrezzatura	Equipamento
Avventura	Aventura
Bussola	Bússola
Cabina	Cabine
Caccia	Caça
Canoa	Canoa
Cappello	Chapéu
Corda	Corda
Foresta	Floresta
Fuoco	Fogo
Insetto	Inseto
Lago	Lago
Luna	Lua
Mappa	Mapa
Montagna	Montanha
Natura	Natureza
Tenda	Tenda

Campionato
Campeonato

Allenatore	Treinador
Campionato	Campeonato
Campione	Campeão
Finalista	Finalista
Giochi	Jogos
Giudice	Juiz
Lega	Liga
Medaglia	Medalha
Motivazione	Motivação
Prestazione	Desempenho
Resistenza	Resistência
Sportivo	Esportes
Squadra	Equipe
Strategia	Estratégia
Torneo	Torneio
Vittoria	Vitória

Casa
Casa

Attico	Sótão
Biblioteca	Biblioteca
Camera	Quarto
Camino	Lareira
Chiavi	Chaves
Cucina	Cozinha
Doccia	Chuveiro
Finestra	Janela
Garage	Garagem
Giardino	Jardim
Parete	Parede
Pavimento	Piso
Porta	Porta
Recinto	Cerca
Rubinetto	Torneira
Scopa	Vassoura
Soffitto	Teto
Specchio	Espelho
Tappeto	Tapete
Tetto	Telhado

Castelli
Castelos

Armatura	Armadura
Catapulta	Catapulta
Cavaliere	Cavaleiro
Cavallo	Cavalo
Corona	Coroa
Dinastia	Dinastia
Drago	Dragão
Feudale	Feudal
Fortezza	Fortaleza
Impero	Império
Nobile	Nobre
Palazzo	Palácio
Parete	Parede
Principe	Príncipe
Principessa	Princesa
Regno	Reino
Scudo	Escudo
Spada	Espada
Torre	Torre
Unicorno	Unicórnio

Cibo #1
Comida #1

Aglio	Alho
Basilico	Manjericão
Cannella	Canela
Carne	Carne
Carota	Cenoura
Cipolla	Cebola
Fragola	Morango
Insalata	Salada
Latte	Leite
Limone	Limão
Menta	Menta
Orzo	Cevada
Pera	Pera
Rapa	Nabo
Sale	Sal
Spinaci	Espinafre
Succo	Suco
Tonno	Atum
Torta	Bolo
Zucchero	Açúcar

Cibo #2
Comida # 2

Banana	Banana
Broccolo	Brócolis
Ciliegia	Cereja
Cioccolato	Chocolate
Formaggio	Queijo
Fungo	Cogumelo
Grano	Trigo
Kiwi	Kiwi
Mela	Maçã
Melanzana	Beringela
Pane	Pão
Pesce	Peixe
Pollo	Frango
Pomodoro	Tomate
Prosciutto	Presunto
Riso	Arroz
Sedano	Aipo
Uovo	Ovo
Uva	Uva
Yogurt	Iogurte

Cioccolato
Chocolate

Amaro	Amargo
Antiossidante	Antioxidante
Arachidi	Amendoins
Aroma	Aroma
Artigianale	Artesanal
Cacao	Cacau
Calorie	Calorias
Caramello	Caramelo
Delizioso	Delicioso
Dolce	Doce
Esotico	Exótico
Gusto	Gosto
Ingrediente	Ingrediente
Mangiare	Comer
Noce di Cocco	Coco
Polvere	Pó
Preferito	Favorito
Qualità	Qualidade
Ricetta	Receita
Zucchero	Açúcar

Circo
Circo

Acrobata	Acrobata
Animali	Animais
Biglietto	Bilhete
Caramella	Doce
Clown	Palhaço
Costume	Traje
Elefante	Elefante
Giocoliere	Malabarista
Leone	Leão
Magia	Magia
Mago	Mágico
Musica	Música
Palloncini	Balões
Parata	Desfile
Scimmia	Macaco
Spettacolare	Espetacular
Spettatore	Espectador
Tenda	Tenda
Tigre	Tigre
Trucco	Truque

Città
Cidade

Aeroporto	Aeroporto
Banca	Banco
Biblioteca	Biblioteca
Cinema	Cinema
Clinica	Clínica
Farmacia	Farmácia
Fiorista	Florista
Galleria	Galeria
Hotel	Hotel
Libreria	Livraria
Mercato	Mercado
Museo	Museu
Negozio	Loja
Panetteria	Padaria
Ristorante	Restaurante
Scuola	Escola
Stadio	Estádio
Supermercato	Supermercado
Teatro	Teatro
Università	Universidade

Colori
Cores

Arancia	Laranja
Beige	Bege
Bianco	Branco
Blu	Azul
Ciano	Ciano
Cremisi	Carmesim
Fucsia	Fuchsia
Giallo	Amarelo
Grigio	Cinza
Magenta	Magenta
Marrone	Marrom
Nero	Preto
Rosa	Rosa
Rosso	Vermelho
Seppia	Sépia
Verde	Verde
Viola	Roxo

Compleanno
Aniversário

Amici	Amigos
Anno	Ano
Calendario	Calendário
Candele	Velas
Canzone	Canção
Carte	Cartões
Celebrazione	Celebração
Felice	Feliz
Gioioso	Alegre
Giorno	Dia
Giovane	Jovem
Inviti	Convites
Nato	Nascer
Per Imparare	Aprender
Regalo	Dom
Saggezza	Sabedoria
Speciale	Especial
Tempo	Tempo
Torta	Bolo

Conservazione
Conservação

Acqua	Água
Ambientale	Ambiental
Ciclo	Ciclo
Clima	Clima
Ecosistema	Ecossistema
Educazione	Educação
Habitat	Habitat
Inquinamento	Poluição
Naturale	Natural
Organico	Orgânico
Pesticida	Pesticida
Riciclare	Reciclar
Ridurre	Reduzir
Salute	Saúde
Sostenibile	Sustentável
Verde	Verde
Volontario	Voluntário

Corpo Umano
Corpo Humano

Bocca	Boca
Caviglia	Tornozelo
Cervello	Cérebro
Collo	Pescoço
Cuore	Coração
Dito	Dedo
Faccia	Rosto
Gamba	Perna
Ginocchio	Joelho
Gomito	Cotovelo
Mano	Mão
Mento	Queixo
Naso	Nariz
Occhio	Olho
Orecchio	Orelha
Pelle	Pele
Sangue	Sangue
Spalla	Ombro
Stomaco	Estômago
Testa	Cabeça

Cucina
Cozinha

Bacchette	Pauzinhos
Bollitore	Chaleira
Brocca	Jarro
Ciotola	Tigela
Coltelli	Facas
Congelatore	Freezer
Cucchiai	Colheres
Forchette	Garfos
Forno	Forno
Frigorifero	Geladeira
Grembiule	Avental
Griglia	Grelha
Mangiare	Comer
Mestolo	Concha
Ricetta	Receita
Spezie	Especiarias
Spugna	Esponja
Tazze	Cups
Tovagliolo	Guardanapo
Vaso	Jar

Danza
Dança

Accademia	Academia
Arte	Arte
Classico	Clássico
Compagno	Parceiro
Coreografia	Coreografia
Corpo	Corpo
Cultura	Cultura
Culturale	Cultural
Emozione	Emoção
Espressivo	Expressivo
Gioioso	Alegre
Grazia	Graça
Movimento	Movimento
Musica	Música
Postura	Postura
Prova	Ensaio
Ritmo	Ritmo
Salto	Saltar
Tradizionale	Tradicional
Visivo	Visual

Dinosauri
Dinossauros

Ali	Asas
Carnivoro	Carnívoro
Coda	Cauda
Enorme	Enorme
Erbivoro	Herbívoro
Evoluzione	Evolução
Fossili	Fósseis
Grande	Grande
Mammut	Mamute
Onnivoro	Onívoro
Potente	Poderoso
Preda	Presa
Preistorico	Pré-Histórico
Rapace	Raptor
Rettile	Réptil
Specie	Espécies
Taglia	Tamanho
Terra	Terra
Vizioso	Vicioso

Discipline Scientifiche
Disciplinas Científicas

Anatomia	Anatomia
Archeologia	Arqueologia
Astronomia	Astronomia
Biochimica	Bioquímica
Biologia	Biologia
Botanica	Botânica
Chimica	Química
Ecologia	Ecologia
Fisiologia	Fisiologia
Geologia	Geologia
Immunologia	Imunologia
Linguistica	Linguística
Meccanica	Mecânica
Meteorologia	Meteorologia
Mineralogia	Mineralogia
Neurologia	Neurologia
Psicologia	Psicologia
Sociologia	Sociologia
Termodinamica	Termodinâmica
Zoologia	Zoologia

Ecologia
Ecologia

Clima	Clima
Comunità	Comunidades
Diversità	Diversidade
Fauna	Fauna
Flora	Flora
Globale	Global
Habitat	Habitat
Marino	Marinho
Natura	Natureza
Naturale	Natural
Palude	Pântano
Piante	Plantas
Risorse	Recursos
Siccità	Seca
Sopravvivenza	Sobrevivência
Sostenibile	Sustentável
Specie	Espécies
Varietà	Variedade
Vegetazione	Vegetação
Volontari	Voluntários

Edifici
Edifícios

Ambasciata	Embaixada
Appartamento	Apartamento
Cabina	Cabine
Castello	Castelo
Cinema	Cinema
Fabbrica	Fábrica
Fienile	Celeiro
Hotel	Hotel
Laboratorio	Laboratório
Museo	Museu
Ospedale	Hospital
Osservatorio	Observatório
Ostello	Albergue
Scuola	Escola
Stadio	Estádio
Supermercato	Supermercado
Teatro	Teatro
Tenda	Tenda
Torre	Torre
Università	Universidade

Emozioni
Emoções

Amore	Amor
Calma	Calmo
Contenuto	Conteúdo
Eccitato	Animado
Gentilezza	Bondade
Gioia	Alegria
Grato	Grato
Imbarazzato	Envergonhado
Noia	Tédio
Pace	Paz
Paura	Medo
Rabbia	Raiva
Rilassato	Relaxado
Simpatia	Simpatia
Soddisfatto	Satisfeito
Tenerezza	Ternura
Tranquillità	Tranquilidade
Tristezza	Tristeza

Erboristeria
Herbalismo

Aglio	Alho
Aneto	Endro
Aromatico	Aromático
Basilico	Manjericão
Culinario	Culinário
Dragoncello	Estragão
Finocchio	Funcho
Fiore	Flor
Giardino	Jardim
Ingrediente	Ingrediente
Lavanda	Lavanda
Maggiorana	Manjerona
Menta	Menta
Origano	Orégano
Prezzemolo	Salsa
Qualità	Qualidade
Rosmarino	Alecrim
Timo	Tomilho
Verde	Verde
Zafferano	Açafrão

Escursionismo
Caminhada

Acqua	Água
Animali	Animais
Campeggio	Acampamento
Clima	Clima
Guide	Guias
Mappa	Mapa
Montagna	Montanha
Natura	Natureza
Orientamento	Orientação
Parchi	Parques
Pericoli	Perigos
Pesante	Pesado
Pietre	Pedras
Preparazione	Preparação
Scogliera	Penhasco
Selvaggio	Selvagem
Sole	Sol
Stanco	Cansado
Stivali	Botas
Vertice	Cume

Esplorazione
Exploração

Animali	Animais
Attività	Atividade
Coraggio	Coragem
Culture	Culturas
Determinazione	Determinação
Eccitazione	Excitação
Esaurimento	Exaustão
Lingua	Língua
Nuovo	Novo
Per Imparare	Aprender
Pericoli	Perigos
Ricerca	Busca
Sconosciuto	Desconhecido
Scoperta	Descoberta
Selvaggio	Selvagem
Spazio	Espaço
Terreno	Terreno
Viaggio	Viagem

Estate
Verão

Amici	Amigos
Campeggio	Acampamento
Casa	Casa
Famiglia	Família
Giardino	Jardim
Giochi	Jogos
Gioia	Alegria
Immersione	Mergulho
Libri	Livros
Mare	Mar
Musica	Música
Rilassamento	Relaxamento
Sandali	Sandálias
Spiaggia	Praia
Stelle	Estrelas
Tempo Libero	Lazer
Viaggio	Viagem

Famiglia
Família

Antenato	Antepassado
Bambini	Crianças
Bambino	Criança
Cugino	Primo
Figlia	Filha
Fratello	Irmão
Infanzia	Infância
Madre	Mãe
Marito	Marido
Materno	Materno
Moglie	Esposa
Nipote	Sobrinho
Nipote	Neto
Nonna	Avó
Nonno	Avô
Padre	Pai
Paterno	Paterno
Sorella	Irmã
Zia	Tia
Zio	Tio

Fantascienza
Ficção Científica

Atomico	Atómico
Cinema	Cinema
Distopia	Distopia
Esplosione	Explosão
Estremo	Extremo
Fantastico	Fantástico
Fuoco	Fogo
Futuristico	Futurista
Galassia	Galáxia
Illusione	Ilusão
Immaginario	Imaginário
Libri	Livros
Misterioso	Misterioso
Mondo	Mundo
Oracolo	Oráculo
Pianeta	Planeta
Realistico	Realista
Robot	Robôs
Tecnologia	Tecnologia
Utopia	Utopia

Fattoria #1
Fazenda #1

Acqua	Água
Agricoltura	Agricultura
Ape	Abelha
Asino	Burro
Campo	Campo
Cane	Cão
Capra	Cabra
Cavallo	Cavalo
Fertilizzante	Fertilizante
Fieno	Feno
Gatto	Gato
Gregge	Rebanho
Maiale	Porco
Miele	Mel
Mucca	Vaca
Pollo	Frango
Recinto	Cerca
Riso	Arroz
Semi	Sementes
Vitello	Bezerro

Fattoria #2
Fazenda #2

Agnello	Cordeiro
Agricoltore	Agricultor
Alveare	Colmeia
Anatra	Pato
Animali	Animais
Fienile	Celeiro
Frutta	Fruta
Frutteto	Pomar
Grano	Trigo
Irrigazione	Irrigação
Lama	Lhama
Latte	Leite
Mais	Milho
Maturo	Maduro
Oche	Ganso
Orzo	Cevada
Pastore	Pastor
Pecora	Ovelha
Prato	Prado
Trattore	Trator

Fiori
Flores

Dente di Leone	Dente-De-Leão
Gardenia	Gardênia
Gelsomino	Jasmim
Giglio	Lírio
Girasole	Girassol
Ibisco	Hibisco
Lavanda	Lavanda
Lilla	Lilás
Magnolia	Magnólia
Margherita	Margarida
Mazzo	Buquê
Narciso	Narciso
Orchidea	Orquídea
Papavero	Papoula
Peonia	Peônia
Petalo	Pétala
Plumeria	Plumeria
Rosa	Rosa
Trifoglio	Trevo
Tulipano	Tulipa

Foresta Pluviale
Floresta Tropical

Anfibi	Anfíbios
Botanico	Botânico
Clima	Clima
Comunità	Comunidade
Diversità	Diversidade
Giungla	Selva
Indigeno	Indígena
Insetti	Insetos
Mammiferi	Mamíferos
Muschio	Musgo
Natura	Natureza
Nuvole	Nuvens
Preservazione	Preservação
Prezioso	Valioso
Restauro	Restauração
Rifugio	Refúgio
Rispetto	Respeito
Sopravvivenza	Sobrevivência
Specie	Espécies
Uccelli	Pássaros

Forme
Formas

Angolo	Canto
Arco	Arco
Cerchio	Círculo
Cilindro	Cilindro
Cono	Cone
Cubo	Cubo
Curva	Curva
Ellisse	Elipse
Iperbole	Hipérbole
Lato	Lado
Linea	Linha
Ovale	Oval
Piramide	Pirâmide
Poligono	Polígono
Prisma	Prisma
Quadrato	Quadrado
Rettangolo	Retângulo
Sfera	Esfera
Triangolo	Triângulo

Forniture Artistiche
Material de Arte

Acqua	Água
Acquerelli	Aquarelas
Acrilico	Acrílico
Argilla	Argila
Carbone	Carvão
Carta	Papel
Cavalletto	Cavalete
Colla	Cola
Colori	Cores
Creatività	Criatividade
Gomma	Apagador
Inchiostro	Tinta
Matite	Lápis
Olio	Óleo
Pastelli	Pastels
Sedia	Cadeira
Spazzole	Escovas
Tavolo	Mesa
Telecamera	Câmera
Vernici	Tintas

Frutta
Frutas

Albicocca	Damasco
Ananas	Abacaxi
Arancia	Laranja
Avocado	Abacate
Bacca	Baga
Banana	Banana
Ciliegia	Cereja
Kiwi	Kiwi
Lampone	Framboesa
Limone	Limão
Mango	Manga
Mela	Maçã
Melone	Melão
Mora	Amora
Nettarina	Nectarina
Papaia	Mamão
Pera	Pera
Pesca	Pêssego
Prugna	Ameixa
Uva	Uva

Gatti
Gatos

Artiglio	Garra
Cacciatore	Caçador
Coda	Cauda
Curioso	Curioso
Divertente	Engraçado
Dormire	Dormir
Filo	Fio
Giocoso	Brincalhão
Indipendente	Independente
Pazzo	Louco
Pelliccia	Pele
Personalità	Personalidade
Selvaggio	Selvagem
Timido	Tímido
Topo	Mouse
Zampa	Pata

Geografia
Geografia

Altitudine	Altitude
Atlante	Atlas
Città	Cidade
Continente	Continente
Emisfero	Hemisfério
Fiume	Rio
Isola	Ilha
Latitudine	Latitude
Longitudine	Longitude
Mappa	Mapa
Mare	Mar
Meridiano	Meridiano
Mondo	Mundo
Montagna	Montanha
Nord	Norte
Ovest	Oeste
Paese	País
Regione	Região
Sud	Sul
Territorio	Território

Geologia
Geologia

Acido	Ácido
Altopiano	Platô
Calcio	Cálcio
Caverna	Caverna
Continente	Continente
Corallo	Coral
Cristalli	Cristais
Erosione	Erosão
Fossile	Fóssil
Geyser	Geyser
Lava	Lava
Minerali	Minerais
Pietra	Pedra
Quarzo	Quartzo
Sale	Sal
Stalagmiti	Estalagmites
Stalattite	Estalactite
Strato	Camada
Terremoto	Terremoto
Vulcano	Vulcão

Giardino
Jardim

Albero	Árvore
Amaca	Maca
Cespuglio	Arbusto
Erba	Grama
Fiore	Flor
Frutteto	Pomar
Garage	Garagem
Giardino	Jardim
Pala	Pá
Panca	Banco
Portico	Varanda
Prato	Gramado
Rastrello	Ancinho
Recinto	Cerca
Stagno	Lagoa
Suolo	Solo
Terrazza	Terraço
Trampolino	Trampolim
Tubo	Mangueira
Vite	Videira

Giocattoli
Brinquedos

Aereo	Avião
Aquilone	Pipa
Argilla	Argila
Artigianato	Artesanato
Auto	Carro
Bambola	Boneca
Barca	Barco
Batteria	Bateria
Bicicletta	Bicicleta
Camion	Caminhão
Giochi	Jogos
Immaginazione	Imaginação
Libri	Livros
Palla	Bola
Preferito	Favorito
Robot	Robô
Scacchi	Xadrez
Vernici	Tintas

Giorni e Mesi
Dias e Meses

Agosto	Agosto
Anno	Ano
Aprile	Abril
Calendario	Calendário
Dicembre	Dezembro
Domenica	Domingo
Febbraio	Fevereiro
Gennaio	Janeiro
Giugno	Junho
Luglio	Julho
Lunedì	Segunda-Feira
Martedì	Terça
Mercoledì	Quarta-Feira
Mese	Mês
Novembre	Novembro
Ottobre	Outubro
Sabato	Sábado
Settembre	Setembro
Settimana	Semana
Venerdì	Sexta-Feira

Guida
Dirigindo

Auto	Carro
Autobus	Ônibus
Carburante	Combustível
Freni	Freios
Garage	Garagem
Gas	Gás
Incidente	Acidente
Licenza	Licença
Mappa	Mapa
Moto	Motocicleta
Motore	Motor
Pedonale	Pedestre
Pericolo	Perigo
Polizia	Polícia
Sicurezza	Segurança
Strada	Estrada
Traffico	Tráfego
Trasporto	Transporte
Tunnel	Túnel
Velocità	Rapidez

Imbarcazioni
Barcos

Albero	Mastro
Ancora	Âncora
Barca a Vela	Veleiro
Boa	Bóia
Canoa	Canoa
Corda	Corda
Equipaggio	Tripulação
Fiume	Rio
Kayak	Caiaque
Lago	Lago
Mare	Mar
Marea	Maré
Marinaio	Marinheiro
Motore	Motor
Nautico	Náutico
Oceano	Oceano
Onde	Ondas
Traghetto	Balsa
Yacht	Iate
Zattera	Jangada

Insetti
Insetos

Afide	Pulgão
Ape	Abelha
Cavalletta	Gafanhoto
Cicala	Cigarra
Coccinella	Joaninha
Coleottero	Besouro
Falena	Mariposa
Farfalla	Borboleta
Formica	Formiga
Larva	Larva
Libellula	Libélula
Mantide	Louva-A-Deus
Pulce	Pulga
Scarafaggio	Barata
Termite	Cupim
Verme	Minhoca
Vespa	Vespa
Zanzara	Mosquito

Letteratura
Literatura

Analisi	Análise
Analogia	Analogia
Aneddoto	Anedota
Autore	Autor
Biografia	Biografia
Conclusione	Conclusão
Confronto	Comparação
Descrizione	Descrição
Dialogo	Diálogo
Genere	Gênero
Metafora	Metáfora
Opinione	Opinião
Poesia	Poema
Poetico	Poético
Rima	Rima
Ritmo	Ritmo
Romanzo	Romance
Stile	Estilo
Tema	Tema
Tragedia	Tragédia

Libri
Livros

Autore	Autor
Avventura	Aventura
Collezione	Coleção
Contesto	Contexto
Dualità	Dualidade
Epico	Épico
Inventivo	Inventivo
Letterario	Literário
Lettore	Leitor
Narratore	Narrador
Pagina	Página
Poesia	Poesia
Rilevante	Relevante
Romanzo	Romance
Scritto	Escrito
Serie	Série
Storia	História
Storico	Histórico
Tragico	Trágico
Umoristico	Humorado

Mammiferi
Mamíferos

Balena	Baleia
Cane	Cão
Canguro	Canguru
Cavallo	Cavalo
Cervo	Veado
Coniglio	Coelho
Coyote	Coiote
Delfino	Golfinho
Elefante	Elefante
Gatto	Gato
Giraffa	Girafa
Gorilla	Gorila
Leone	Leão
Lupo	Lobo
Orso	Urso
Pecora	Ovelha
Scimmia	Macaco
Toro	Touro
Volpe	Raposa
Zebra	Zebra

Matematica
Matemática

Angoli	Ângulos
Aritmetica	Aritmética
Decimale	Decimal
Diametro	Diâmetro
Divisione	Divisão
Equazione	Equação
Esponente	Expoente
Frazione	Fração
Geometria	Geometria
Parallelo	Paralelo
Parallelogramma	Paralelogramo
Perimetro	Perímetro
Poligono	Polígono
Quadrato	Quadrado
Raggio	Raio
Rettangolo	Retângulo
Simmetria	Simetria
Somma	Soma
Triangolo	Triângulo
Volume	Volume

Meditazione
Meditação

Accettazione	Aceitação
Attenzione	Atenção
Calma	Calmo
Chiarezza	Clareza
Compassione	Compaixão
Emozioni	Emoções
Gentilezza	Bondade
Gratitudine	Gratidão
Mentale	Mental
Mente	Mente
Movimento	Movimento
Musica	Música
Natura	Natureza
Osservazione	Observação
Pace	Paz
Pensieri	Pensamentos
Postura	Postura
Prospettiva	Perspectiva
Respirazione	Respirando
Silenzio	Silêncio

Meteo
Clima

Arcobaleno	Arco-Íris
Asciutto	Seco
Atmosfera	Atmosfera
Brezza	Brisa
Cielo	Céu
Clima	Clima
Fulmine	Relâmpago
Ghiaccio	Gelo
Monsone	Monção
Nebbia	Nevoeiro
Nube	Nuvem
Polare	Polar
Siccità	Seca
Temperatura	Temperatura
Tempesta	Tempestade
Tornado	Tornado
Tropicale	Tropical
Tuono	Trovão
Uragano	Furacão
Vento	Vento

Misurazioni
Medições

Altezza	Altura
Byte	Byte
Centimetro	Centímetro
Chilogrammo	Quilograma
Chilometro	Quilômetro
Decimale	Decimal
Grado	Grau
Grammo	Grama
Larghezza	Largura
Litro	Litro
Lunghezza	Comprimento
Massa	Massa
Metro	Metro
Minuto	Minuto
Oncia	Onça
Peso	Peso
Pollice	Polegada
Profondità	Profundidade
Tonnellata	Tonelada
Volume	Volume

Mitologia
Mitologia

Archetipo	Arquétipo
Comportamento	Comportamento
Creatura	Criatura
Creazione	Criação
Credenze	Crenças
Cultura	Cultura
Disastro	Desastre
Eroe	Herói
Forza	Força
Fulmine	Relâmpago
Gelosia	Ciúmes
Guerriero	Guerreiro
Immortalità	Imortalidade
Labirinto	Labirinto
Leggenda	Lenda
Magico	Mágico
Mortale	Mortal
Mostro	Monstro
Tuono	Trovão
Vendetta	Vingança

Natura
Natureza

Animali	Animais
Api	Abelhas
Artico	Ártico
Bellezza	Beleza
Deserto	Deserto
Dinamico	Dinâmico
Erosione	Erosão
Fiume	Rio
Fogliame	Folhagem
Foresta	Floresta
Ghiacciaio	Geleira
Montagne	Montanhas
Nebbia	Nevoeiro
Nuvole	Nuvens
Rifugio	Abrigo
Santuario	Santuário
Selvaggio	Selvagem
Sereno	Sereno
Tropicale	Tropical
Vitale	Vital

Numeri
Números

Cinque	Cinco
Decimale	Decimal
Diciannove	Dezenove
Diciassette	Dezessete
Diciotto	Dezoito
Dieci	Dez
Dodici	Doze
Due	Dois
Nove	Nove
Otto	Oito
Quattordici	Quatorze
Quattro	Quatro
Quindici	Quinze
Sedici	Dezesseis
Sei	Seis
Sette	Sete
Tre	Três
Tredici	Treze
Venti	Vinte
Zero	Zero

Nutrizione
Nutrição

Amaro	Amargo
Appetito	Apetite
Bilanciato	Equilibrado
Calorie	Calorias
Carboidrati	Carboidratos
Commestibile	Comestível
Dieta	Dieta
Digestione	Digestão
Fermentazione	Fermentação
Liquidi	Líquidos
Nutriente	Nutriente
Peso	Peso
Proteine	Proteínas
Qualità	Qualidade
Salsa	Molho
Salute	Saúde
Sano	Saudável
Spezie	Especiarias
Tossina	Toxina
Vitamina	Vitamina

Oceano
Oceano

Anguilla	Enguia
Balena	Baleia
Barca	Barco
Corallo	Coral
Delfino	Golfinho
Gamberetto	Camarão
Granchio	Caranguejo
Maree	Marés
Medusa	Medusa
Onde	Ondas
Ostrica	Ostra
Pesce	Peixe
Polpo	Polvo
Sale	Sal
Scogliera	Recife
Spugna	Esponja
Squalo	Tubarão
Tartaruga	Tartaruga
Tempesta	Tempestade
Tonno	Atum

Paesaggi
Paisagens

Cascata	Cascata
Collina	Colina
Deserto	Deserto
Fiume	Rio
Geyser	Geyser
Ghiacciaio	Geleira
Grotta	Caverna
Iceberg	Iceberg
Isola	Ilha
Lago	Lago
Mare	Mar
Montagna	Montanha
Oasi	Oásis
Oceano	Oceano
Palude	Pântano
Penisola	Península
Spiaggia	Praia
Tundra	Tundra
Valle	Vale
Vulcano	Vulcão

Paesi #2
Países #2

Albania	Albânia
Danimarca	Dinamarca
Etiopia	Etiópia
Giamaica	Jamaica
Giappone	Japão
Grecia	Grécia
Haiti	Haiti
Indonesia	Indonésia
Irlanda	Irlanda
Laos	Laos
Liberia	Libéria
Messico	México
Nepal	Nepal
Nigeria	Nigéria
Pakistan	Paquistão
Russia	Rússia
Siria	Síria
Sudan	Sudão
Ucraina	Ucrânia
Uganda	Uganda

Pesca
Pesca

Acqua	Água
Attrezzatura	Equipamento
Barca	Barco
Branchie	Brânquias
Cesto	Cesta
Cucinare	Cozinhar
Esagerazione	Exagero
Esca	Isca
Filo	Fio
Fiume	Rio
Gancio	Gancho
Lago	Lago
Mascella	Mandíbula
Oceano	Oceano
Pazienza	Paciência
Peso	Peso
Pinne	Barbatanas
Spiaggia	Praia
Stagione	Temporada

Piante
Plantas

Albero	Árvore
Bacca	Baga
Bambù	Bambu
Botanica	Botânica
Cactus	Cacto
Cespuglio	Arbusto
Crescere	Crescer
Edera	Hera
Erba	Erva
Fagiolo	Feijão
Fertilizzante	Fertilizante
Fiore	Flor
Flora	Flora
Fogliame	Folhagem
Foresta	Floresta
Giardino	Jardim
Muschio	Musgo
Petalo	Pétala
Radice	Raiz
Vegetazione	Vegetação

Pirati
Piratas

Ancora	Âncora
Avventura	Aventura
Bandiera	Bandeira
Bussola	Bússola
Capitano	Capitão
Cattivo	Mau
Cicatrice	Cicatriz
Equipaggio	Tripulação
Grotta	Caverna
Isola	Ilha
Leggenda	Lenda
Mappa	Mapa
Monete	Moedas
Oro	Ouro
Pappagallo	Papagaio
Pericolo	Perigo
Rum	Rum
Spada	Espada
Spiaggia	Praia
Tesoro	Tesouro

Professioni #1
Profissões #1

Allenatore	Treinador
Ambasciatore	Embaixador
Artista	Artista
Astronomo	Astrônomo
Avvocato	Advogado
Ballerino	Dançarino
Banchiere	Banqueiro
Cacciatore	Caçador
Cartografo	Cartógrafo
Editore	Editor
Farmacista	Farmacêutico
Geologo	Geólogo
Gioielliere	Joalheiro
Idraulico	Encanador
Infermiera	Enfermeira
Musicista	Músico
Pianista	Pianista
Psicologo	Psicólogo
Scienziato	Cientista
Veterinario	Veterinário

Professioni #2
Profissões #2

Astronauta	Astronauta
Bibliotecario	Bibliotecário
Biologo	Biólogo
Chirurgo	Cirurgião
Dentista	Dentista
Detective	Detetive
Filosofo	Filósofo
Fotografo	Fotógrafo
Giardiniere	Jardineiro
Giornalista	Jornalista
Illustratore	Ilustrador
Ingegnere	Engenheiro
Insegnante	Professor
Inventore	Inventor
Linguista	Linguista
Medico	Médico
Pilota	Piloto
Pittore	Pintor
Ricercatore	Investigador
Zoologo	Zoólogo

Riempire
Preencher

Bacino	Bacia
Barile	Barril
Borsa	Saco
Bottiglia	Garrafa
Busta	Envelope
Cartella	Pasta
Cassetto	Gaveta
Cesto	Cesta
Nave	Navio
Pacchetto	Pacote
Scatola	Caixa
Secchio	Balde
Tasca	Bolso
Tubo	Tubo
Valigia	Mala
Vaso	Vaso
Vassoio	Bandeja

Ristorante #1
Restaurante #1

Allergia	Alergia
Caffè	Café
Cameriera	Garçonete
Carne	Carne
Cassiere	Caixa
Ciotola	Tigela
Coltello	Faca
Cucina	Cozinha
Dessert	Sobremesa
Ingredienti	Ingredientes
Mangiare	Comer
Menù	Menu
Pane	Pão
Piatto	Placa
Piccante	Picante
Pollo	Frango
Prenotazione	Reserva
Salsa	Molho
Tovagliolo	Guardanapo

Ristorante #2
Restaurante # 2

Acqua	Água
Aperitivo	Aperitivo
Bevanda	Bebida
Cameriere	Garçom
Cena	Jantar
Cucchiaio	Colher
Delizioso	Delicioso
Forchetta	Garfo
Frutta	Fruta
Ghiaccio	Gelo
Insalata	Salada
Minestra	Sopa
Pesce	Peixe
Pranzo	Almoço
Sale	Sal
Sedia	Cadeira
Spezie	Especiarias
Torta	Bolo
Uova	Ovo
Verdure	Legumes

Scacchi
Xadrez

Avversario	Oponente
Bianco	Branco
Campione	Campeão
Concorso	Concurso
Diagonale	Diagonal
Giocatore	Jogador
Gioco	Jogo
Nero	Preto
Passivo	Passivo
Per Imparare	Aprender
Punti	Pontos
Re	Rei
Regina	Rainha
Regole	Regras
Sacrificio	Sacrifício
Sfide	Desafios
Strategia	Estratégia
Tempo	Tempo
Torneo	Torneio

Scienza
Ciência

Atomo	Átomo
Chimico	Químico
Clima	Clima
Dati	Dados
Esperimento	Experiência
Evoluzione	Evolução
Fatto	Fato
Fisica	Física
Fossile	Fóssil
Gravità	Gravidade
Ipotesi	Hipótese
Laboratorio	Laboratório
Metodo	Método
Minerali	Minerais
Molecole	Moléculas
Natura	Natureza
Organismo	Organismo
Osservazione	Observação
Particelle	Partículas
Scienziato	Cientista

Scuola #1
Escola #1

Alfabeto	Alfabeto
Amici	Amigos
Biblioteca	Biblioteca
Carta	Papel
Cartelle	Pastas
Esami	Exames
Insegnante	Professor
Libri	Livros
Marcatori	Marcadores
Matematica	Matemática
Matita	Lápis
Numeri	Números
Penne	Canetas
Per Imparare	Aprender
Pranzo	Almoço
Quiz	Questionário
Risposte	Respostas
Scrivania	Mesa
Sedia	Cadeira

Scuola #2
Escola # 2

Accademico	Acadêmico
Autobus	Ônibus
Biblioteca	Biblioteca
Calendario	Calendário
Carta	Papel
Computer	Computador
Dizionario	Dicionário
Educazione	Educação
Forbici	Tesoura
Giochi	Jogos
Grammatica	Gramática
Insegnante	Professor
Letteratura	Literatura
Lettura	Leitura
Libri	Livros
Matematica	Matemática
Matita	Lápis
Scarpe	Sapatos
Scienza	Ciência
Zaino	Mochila

Spezie
Especiarias

Aglio	Alho
Amaro	Amargo
Anice	Anis
Cannella	Canela
Cardamomo	Cardamomo
Cipolla	Cebola
Coriandolo	Coentro
Cumino	Cominho
Curry	Caril
Dolce	Doce
Finocchio	Funcho
Gusto	Sabor
Liquirizia	Alcaçuz
Noce Moscata	Noz-Moscada
Paprika	Páprica
Pepe	Pimenta
Sale	Sal
Vaniglia	Baunilha
Zafferano	Açafrão
Zenzero	Gengibre

Spiaggia
Praia

Asciugamano	Toalha
Barca	Barco
Barca a Vela	Veleiro
Blu	Azul
Costa	Costa
Dock	Doca
Granchio	Caranguejo
Isola	Ilha
Laguna	Lagoa
Mare	Mar
Oceano	Oceano
Ombrello	Guarda-Chuva
Sabbia	Areia
Sandali	Sandálias
Scogliera	Recife
Sole	Sol

Sport
Esportes

Allenatore	Treinador
Arbitro	Árbitro
Atleta	Atleta
Baseball	Beisebol
Basket	Basquete
Bicicletta	Bicicleta
Campionato	Campeonato
Ginnastica	Ginástica
Giocatore	Jogador
Gioco	Jogo
Golf	Golfe
Hockey	Hóquei
Movimento	Movimento
Palestra	Ginásio
Squadra	Equipe
Stadio	Estádio
Tennis	Tênis
Vincitore	Ganhador

Strumenti Musicali
Instrumentos Musicais

Armonica	Gaita
Arpa	Harpa
Banjo	Banjo
Chitarra	Violão
Clarinetto	Clarinete
Fagotto	Fagote
Flauto	Flauta
Gong	Gongo
Mandolino	Bandolim
Marimba	Marimba
Oboe	Oboé
Percussione	Percussão
Pianoforte	Piano
Sassofono	Saxofone
Tamburello	Pandeiro
Tamburo	Tambor
Tromba	Trompete
Trombone	Trombone
Violino	Violino
Violoncello	Violoncelo

Strumenti di Cottura
Ferramentas de Cozinha

Bollitore	Chaleira
Colino	Coador
Coltello	Faca
Coperchio	Tampa
Cucchiaio	Colher
Forbici	Tesoura
Forchetta	Garfo
Forno	Forno
Frigorifero	Geladeira
Grattugia	Ralador
Posate	Talheres
Spatola	Espátula
Spremiagrumi	Espremedor
Stufa	Fogão
Termometro	Termômetro
Tostapane	Torradeira

Suoni
Sons

Applaudire	Aplaudir
Campana	Sino
Concerto	Concerto
Coro	Coro
Eco	Eco
Fischio	Apito
Forte	Alto
Gemito	Gemer
Ripetitivo	Repetitivo
Risata	Riso
Risonante	Ressonante
Rumoroso	Ruidoso
Sirene	Sirenes
Sussurro	Sussurrar
Tosse	Tosse
Vibrazione	Vibração
Voci	Vozes

Tecnologia
Tecnologia

Blog	Blog
Browser	Navegador
Byte	Bytes
Computer	Computador
Cursore	Cursor
Dati	Dados
Digitale	Digital
File	Arquivo
Font	Fonte
Internet	Internet
Messaggio	Mensagem
Ricerca	Pesquisa
Schermo	Tela
Sicurezza	Segurança
Software	Software
Statistiche	Estatísticas
Telecamera	Câmera
Virtuale	Virtual
Virus	Vírus

Tempo
Tempo

Anno	Ano
Annuale	Anual
Calendario	Calendário
Decennio	Década
Dopo	Depois
Futuro	Futuro
Giorno	Dia
Ieri	Ontem
Mattina	Manhã
Mese	Mês
Mezzogiorno	Meio-Dia
Minuto	Minuto
Notte	Noite
Oggi	Hoje
Ora	Hora
Orologio	Relógio
Presto	Em Breve
Prima	Antes
Secolo	Século
Settimana	Semana

Tipi di Capelli
Tipos de Cabelo

Argento	Prata
Asciutto	Seco
Bianco	Branco
Biondo	Loiro
Breve	Curto
Calvo	Careca
Colorato	Colori
Grigio	Cinza
Intrecciato	Trançado
Lungo	Longo
Marrone	Marrom
Morbido	Suave
Nero	Preto
Ondulato	Ondulado
Riccio	Encaracolado
Riccioli	Cachos
Sano	Saudável
Sottile	Fino
Spessore	Grosso
Trecce	Tranças

Uccelli
Pássaros

Airone	Garça
Anatra	Pato
Aquila	Águia
Cicogna	Cegonha
Cigno	Cisne
Colomba	Pomba
Cuculo	Cuco
Fenicottero	Flamingo
Gabbiano	Gaivota
Oca	Ganso
Pappagallo	Papagaio
Passero	Pardal
Pavone	Pavão
Pellicano	Pelicano
Piccione	Pombo
Pinguino	Pinguim
Pollo	Frango
Struzzo	Avestruz
Tucano	Tucano
Uovo	Ovo

Vacanze #2
Férias #2

Aeroporto	Aeroporto
Campeggio	Acampamento
Destinazione	Destino
Foto	Fotos
Hotel	Hotel
Isola	Ilha
Mappa	Mapa
Mare	Mar
Montagne	Montanhas
Passaporto	Passaporte
Ristorante	Restaurante
Spiaggia	Praia
Straniero	Estrangeiro
Taxi	Táxi
Tempo Libero	Lazer
Tenda	Tenda
Trasporto	Transporte
Vacanza	Feriado
Viaggio	Viagem
Visto	Visto

Veicoli
Veículos

Aereo	Avião
Ambulanza	Ambulância
Auto	Carro
Autobus	Ônibus
Barca	Barco
Bicicletta	Bicicleta
Camion	Caminhão
Caravan	Caravana
Elicottero	Helicóptero
Metropolitana	Metrô
Motore	Motor
Navetta	Transporte
Pneumatici	Pneus
Razzo	Foguete
Scooter	Lambreta
Sottomarino	Submarino
Taxi	Táxi
Traghetto	Balsa
Trattore	Trator
Zattera	Jangada

Verdure
Vegetais

Aglio	Alho
Broccolo	Brócolis
Carciofo	Alcachofra
Carota	Cenoura
Cetriolo	Pepino
Cipolla	Cebola
Fungo	Cogumelo
Insalata	Salada
Melanzana	Beringela
Patata	Batata
Pisello	Ervilha
Pomodoro	Tomate
Prezzemolo	Salsa
Rapa	Nabo
Ravanello	Rabanete
Scalogno	Chalota
Sedano	Aipo
Spinaci	Espinafre
Zenzero	Gengibre
Zucca	Abóbora

Vestiti
Roupas

Abito	Vestido
Braccialetto	Pulseira
Camicetta	Blusa
Camicia	Camisa
Cappello	Chapéu
Cappotto	Casaco
Cintura	Cinto
Collana	Colar
Giacca	Jaqueta
Gonna	Saia
Grembiule	Avental
Guanti	Luvas
Jeans	Jeans
Maglione	Suéter
Moda	Moda
Pantaloni	Calça
Pigiama	Pijama
Sandali	Sandálias
Scarpa	Sapato
Sciarpa	Lenço

Virtù #1
Virtudes #1

Affascinante	Encantador
Appassionato	Apaixonado
Artistico	Artístico
Buono	Bom
Curioso	Curioso
Decisivo	Decisivo
Divertente	Engraçado
Efficiente	Eficiente
Generoso	Generoso
Indipendente	Independente
Intelligente	Inteligente
Modesto	Modesto
Paziente	Paciente
Pratico	Prático
Pulito	Limpo
Saggio	Sábio
Utile	Útil

Congratulazioni

Ce l'hai fatta!

Speriamo che questo libro vi sia piaciuto tanto quanto a noi è piaciuto concepirlo. Ci sforziamo di creare libri della più alta qualità possibile.
Questa edizione è progettata per fornire un apprendimento intelligente, di qualità e divertente!

Le è piaciuto questo libro?

Una Semplice Richiesta

Questi libri esistono grazie alle recensioni che pubblicate.

Puoi aiutarci lasciando una recensione
ora a questo link ?

BestBooksActivity.com/Recensioni50

SFIDA FINALE!

Sfida n°1

Sei pronto per il tuo gioco gratuito? Li usiamo sempre, ma non sono
così facili da trovare - ecco i **Sinonimi!**
Scrivi 5 parole che hai trovato nei puzzle (n° 21, n° 36, n° 76) e prova a
trovare 2 sinonimi per ogni parola.

Scrivi 5 parole del *Puzzle 21*

Parole	Sinonimo 1	Sinonimo 2

Scrivi 5 parole del *Puzzle 36*

Parole	Sinonimo 1	Sinonimo 2

Scrivi 5 parole del *Puzzle 76*

Parole	Sinonimo 1	Sinonimo 2

Sfida n°2

Ora che ti sei riscaldato, scrivi 5 parole che hai trovato nei puzzle n° 9, n° 17 e n° 25 e cerca di trovare 2 contrari per ogni parola. Quanti ne puoi trovare in 20 minuti?

Scrivi 5 parole del **Puzzle 9**

Parole	Antonimo 1	Antonimo 2

Scrivi 5 parole del **Puzzle 17**

Parole	Antonimo 1	Antonimo 2

Scrivi 5 parole del **Puzzle 25**

Parole	Antonimo 1	Antonimo 2

Sfida n°3

Grande! Questa sfida non è niente per te!

Pronto per la sfida finale? Scegli 10 parole che hai scoperto nei diversi puzzle e scrivile qui sotto.

1.	6.
2.	7.
3.	8.
4.	9.
5.	10.

Ora scrivi un testo pensando a una persona, un animale o un luogo che ti piace.

Puoi usare l'ultima pagina di questo libro come bozza.

La tua composizione:

TACCUINO:

A PRESTO!

Tutta la Squadra